Management zwischen Digitalisierung und Generationenkonflikt

Andreas Gadatsch • Stefan Brassel

Management zwischen Digitalisierung und Generationenkonflikt

Erfahrungen und Meinungen aus der Praxis

Andreas Gadatsch
Hochschule Bonn-Rhein-Sieg
Sankt Augustin, Deutschland

Stefan Brassel
Köln, Deutschland

ISBN 978-3-658-51034-3 ISBN 978-3-658-51035-0 (eBook)
https://doi.org/10.1007/978-3-658-51035-0

Die Deutsche Nationalbibliothek verzeichnet diese Publikation in der Deutschen Nationalbibliografie; detaillierte bibliografische Daten sind im Internet über https://portal.dnb.de abrufbar.

Planung/Lektorat: Petra Steinmueller
Springer Vieweg ist ein Imprint der eingetragenen Gesellschaft Springer Fachmedien Wiesbaden GmbH und ist ein Teil von Springer Nature.
Die Anschrift der Gesellschaft ist: Abraham-Lincoln-Str. 46, 65189 Wiesbaden, Germany

Vorwort

Die Herausgeber dieses Buches, Andreas Gadatsch und Stefan Brassel, kennen sich schon rund 20 Jahre und repräsentieren dabei aufgrund ihres Altersunterschiedes zwei unterschiedliche Generationen: Babyboomer und den ‚Brückenschlag' zwischen der Generation X sowie den Millennials.

Da bleibt es in unterschiedlichen Formaten der Zusammenarbeit sowie zahllosen Diskursen nicht aus, dass die Gespräche im weitesten Sinne immer wieder die Themen ‚Führung' sowie die Unterschiede zwischen den Generationen streifen.

Auf Basis des gemeinsamen Anspruchs, theoretische Grundlagen stets mit einem praktischen Bezug zu versehen, entstand die Konzeption des vorliegenden Buches.

Es sollte weder eine weitere Auslegung bzw. Erweiterung bestehender theoretischer Ausführungen zum Thema ‚Führung' werden noch im engeren Sinne die gemeinsamen Einschätzungen und Erfahrungen der Herausgeber alleine widerspiegeln.

Dennoch erschien es uns wichtig, den unterschiedlichen Erfahrungen und Facetten des Begriffes ‚Führung' unserer Koautorinnen und -autoren eine systematische Einordnung sowie einige ‚wegebnende' Gedanken voranzustellen.

Der Überlegung zu diesem Projekt lag dabei zugrunde, die Erkenntnisse einer erfahrenen Gruppe von Führungskräften mit unterschiedlichen Werdegängen der ‚Boomergeneration' einzufangen, ehe diese in den nächsten Jahren Zug um Zug aus dem Arbeitsmarkt ausscheiden. Gleichzeitig sollten diese Einschätzungen an einem eher akademischen Ausbildungsblick gespiegelt werden. Zur besseren Einordnung erfolgte die Einbeziehung von Führungskräften verschiedener Generationen sowie abschließend ein Einblick in die Gedankenwelt der Generation Z.

Der Zeitpunkt für die Veröffentlichung ist dabei nicht zufällig gewählt. Durch das Thema ‚künstliche Intelligenz' bekommt der Begriff der Digitalisierung eine neue ‚drängende' Bedeutung. Der anstehende Veränderungsdruck innerhalb von Unternehmen in einem System vielfältiger Führungsgenerationen sowie des nach wie vor punktuell vorhandenen Fachkräftemangels wirft viele Fragen sowie Unsicherheiten auf, welche beantwortet werden wollen.

Wir hoffen, dass dieses Buch im Sinne eines ‚Sparringspartners' durch seine vielfältigen Meinungen und ‚eingefangenen' Erfahrungen sowie Sichtweisen, den angehenden sowie erfahrenen Führungskräften bei ihren persönlichen Herausforderungen Unterstützung liefern kann.

Aachen und Sankt Augustin
im Oktober 2025

Stefan Brassel
Andreas Gadatsch

Interessenskonflikt Die Autor*innen haben keine relevanten Interessenskonflikte im Zusammenhang mit dieser Publikation.

Inhaltsverzeichnis

Über die Autoren

Stefan Brassel Dipl. Kfm. Stefan Brassel M.A., verfügt über langjährige Führungserfahrung in unterschiedlichsten Rollen. Über einen Zeitraum von 10 Jahren war er für den Aufbau sowie die Entwicklung eines Teams im Bereich

'License & Cloud Technology' verantwortlich. Als Teil der Geschäftsführung verantwortete er die erfolgreiche strategische Neuausrichtung eines IT-Systemhauses, des größten Anbieters im deutschen Markt. Aktuell ist er mit einer Geschäftsführung in der ACP-Gruppe betraut. Darüber hinaus engagiert er sich als Dozent und ist Koautor diverser Fachpublikationen.

Kontaktdaten:
Stefan Brassel
Mail: Stefan.Brassel@icloud.com

Axel Feldhoff Dipl. Kfm. Axel Feldhoff: mehr als 35 Jahre Erfahrung in der Leitung, dem Aufbau und der Transformation von Organisationen im In- und Ausland. Seit 24 Jahren Vorstand von zum Teil börsennotierten IT-Unternehmen der gesamten IT-Supply Chain. Seit 2011 zusätzlich zertifizierter systemischer Coach.

Heute aktiv im Bereich C-Level-Coaching. Entwicklung, Implementierung und kontinuierliche Weiterentwicklung einer leb- und erlebbaren fehlertoleranten Firmenkultur. „People-centric"-Führungsphilosophie. Digitale Transformation und Transformationsmanagement.

Kontaktdaten:
Axel Feldhoff
Mail: afeldhoff@gmx.net

Andreas Gadatsch Dr. rer. pol. Andreas Gadatsch ist Professor für BWL, insb. Wirtschaftsinformatik an der Hochschule Bonn-Rhein-Sieg. Er verfügt über viele Jahre Praxis- und Lehrerfahrung im Kontext der Digitalisierung und Optimierung von Prozessen sowie IT-Controlling.

Er ist Autor zahlreicher Fachbücher und Aufsätze zur Wirtschaftsinformatik.

Kontaktdaten:
Prof. Dr. Andreas Gadatsch
Mail: Andreas.Gadatsch@h-brs.de

Peter Gerstmann Nach einer kaufmännischen Ausbildung studierte Peter Gerstmann in Köln Betriebswirtschaft und begann seine berufliche Laufbahn im Controlling.

War 25 Jahre in der Geschäftsführung des Zeppelin Konzerns, davon 15 Jahre als Vorsitzender. Der weltweit tätige Zeppelin Konzern entstand vor über 100 Jahren aus dem Luftschiffunternehmen des Grafen Ferdinand von Zeppelin. Heute ist das Unternehmen weltweit im Bau von Anlagen für die Kunststoff-, Reifen- und Lebensmittelindustrie aktiv, sowie in verschiedenen Ländern im Vertrieb und Service von Bau- und Landmaschinen, Bauausrüstung, Motoren und Antrieben.

Seit dem Eintritt in den Ruhestand ist Peter Gerstmann mit mehreren Aufsichtsratsmandaten betraut, berät Unternehmen und hält Vorträge zu Unternehmensstrategie, Führung und Geschäftsmodellentwicklung.

Kontaktdaten:
Peter Gerstmann, Senior Management Consultant
Tel. +49 173 8505088
Mail: Gerstmann.Peter@gmail.com

Elmar Gerwalin Dr. Elmar Gerwalin leitet seit über 4 Jahren den IT-Bereich der Kerntechnische Entsorgung Karlsruhe GmbH.

Der Einsatz von High-Performance-Computing in der Theoretischen und Physikalischen Chemie der TU Kaiserslautern hatte ihn zum Fraunhofer-Institut für Wirtschaftsmathematik geführt, wo er rund 10 Jahre die zentrale IT-Infrastrukturabteilung leitete und in zahleichen IT-Gremien aktiv war.

Seine aktuellen Herausforderungen sind die Digitalisierung von Unternehmensprozessen und die Optimierung der IT-Dienstleistersteuerung.

Kontaktdaten:
Dr. Elmar Gerwalin
Mail: Elmar.Gerwalin@web.de

Marion Halfmann Marion Halfmann ist Präsidentin der Hochschule Bonn-Rhein-Sieg. Sie ist Professorin für Betriebswirtschaftslehre, Marketing und Vertrieb und hat seit 2004 an drei unterschiedlichen Hochschulen in Nordrhein-Westfalen gelehrt und geforscht. Vor Ihrer Hochschullaufbahn war Marion Halfmann langjährig in Unternehmensberatungen tätig. Sie ist Diplom-Kauffrau sowie Dr. rer. pol. und hat ihr Studium an der Universität zu Köln abgeschlossen. Mario Halfmann engagiert sich ehrenamtlich für digitale Bildung an Schulen und für die Förderung digitaler Start-ups.

Kontaktdaten
Prof. Dr. Marion Halfmann
Marion.Halfmann@h-brs.de

Sven Hancke Dipl. Phys. Sven Hancke verfügt über langjährige Führungserfahrung in unterschiedlichsten Rollen als Prokurist, Geschäftsführer und Vorstand im IT-Bereich. Über einen Zeitraum von 16 Jahren war er auch als selbständiger Unternehmer tätig, sonst in unterschiedlichen Rollen in größeren IT-Systemhäusern. Aktuell ist er mit einer Geschäftsführung in der ACP-Gruppe betraut.

Bild

Kontaktdaten
Sven Hancke
sh.db@gmx.net

Lara Kurz Lara Kurz, geboren 2006, ist Abiturientin aus Bayern und angehende Studentin der Betriebswirtschaftslehre an der Technischen Hochschule Köln. Im Rahmen einer Schulkooperation absolvierte sie eine Ausbildung zur systemischen Junior-Coachin. Ihre Erfahrungen reichen von digitaler Bildung über internationale Austauschprogramme, unter anderem in Kanada. Der Fokus ihrer Gedanken in Bezug auf den Text liegt auf tiefgehenden Reflexionen zur Generation Z, zeitgemäßen Führungsansätzen und den Veränderungen in der Arbeitswelt.

Kontaktdaten:
Lara Kurz
Kurz.lara03@gmail.com

Anke Sax Dr. Anke Sax hat sich dem Thema Digitale Transformation verschrieben. Das liegt u. a. daran, dass sie dieses Thema gerade in der Finanzindustrie als sträflich vernachlässigt sieht. Weniger als 20% der Verwaltungsaufwendungen der Finanzindustrie sind IT. Das gilt als Benchmark. Das bedeutet aber auch, dass über 80% der Aufwände immer noch manuelle Tätigkeiten repräsentieren. Das kann sicher nicht die Zukunft einer so wichtigen Branche sein.

Dr. Anke Sax hat vor fast 40 Jahren als Bankerin begonnen und arbeitet seit einem Vierteljahrhundert als CIO. Sie hat an der TU München bei Prof. Dr. Helmut Krcmar über IT-Strategie promoviert. Seit 2021 ist sie Geschäftsführerin (COO/CTO) der KGAL GmbH & Co. KG, einer Vermögensverwaltung in Real Assets (Immobilien, erneuerbare Energien, Flugzeuge).

Kontaktdaten:
Dr. Anke Sax
linkedin.com/in/dr-anke-sax-leader

Zuzana Štrbáková Mgr. Zuzana Štrbáková is an English language trainer, communication coach and a certified Gestalt coach based in Bratislava, Slovakia. With over 25 years of experience, she has worked with corporations and leaders operating in multi-national environments across industries. She co-founded a corporate training business which she managed for 14 years. Since 2021, she has been focusing on personalised work, helping clients boost their communicative competence to excel at work through innovative, human-centred approaches.

Zuzana Štrbáková
+421 918 053 704
info@zuzanastrbakova.sk

Einleitung 1

Der aktuelle „GALLUP Engagement Index 2023“[1] bestätigt erneut das ‚Dilemma‘ deutscher Unternehmen in Bezug auf ihre Arbeitnehmerinnen und Arbeitnehmer. Rund 45 % der Beschäftigten sind offen für einen Jobwechsel und nur 14 % fühlen sich emotional an ihr Unternehmen gebunden.

Dabei ist der Hauptgrund zum Wechselwillen: die erlebte Führung aus Sicht der Mitarbeitenden. Dies ist vor dem Hintergrund dringend benötigter, erfahrener Fachkräfte[2] sowie der mit Blick auf die Digitalisierung benötigten MINT-Absolventen und -Absolventinnen, welche seit Jahren nicht in ausreichender Anzahl zur Verfügung stehen, eine große Herausforderung.[3] Die Unternehmen müssen also etwas „tun“, sonst wandern gerade die guten Kräfte ab.

Welche Anforderung stellt dies an Führungskräfte, welche entweder selbst zu der Gruppe der sinkenden Zahl an Babyboomern gehören, die nach ihrer Lebensleistung nun häufig nach einem vorzeitigen Ende ihrer Erwerbstätigkeit streben (zumeist mit 63)[4] oder schon Teil der sogenannten Gruppe der Millennials (Y) sind, die als Führungskräfte ‚vermittelnd‘ zwischen den Ansprüchen der Boomer sowie der Generation Z stehen?[5]

---

[1] https://www.gallup.com/de/472028/bericht-zum-engagement-index-deutschland-2023.aspx

[2] https://www.bmwk.de/Redaktion/DE/Dossier/fachkraeftesicherung.html

[3] https://www.forschung-und-lehre.de/lehre/weniger-studienanfaenger-in-mint-faechern-5343

[4] https://www.bib.bund.de/DE/Presse/Mitteilungen/2022/2022-12-10-Renteneintritt-der-Babyboomer-Fuer-viele-ist-schon-mit-63-Schluss.html

[5] https://www.forschung-und-lehre.de/lehre/weniger-studienanfaenger-in-mint-faechern-5343

A. Gadatsch, S. Brassel, *Management zwischen Digitalisierung und Generationenkonflikt*, https://doi.org/10.1007/978-3-658-51035-0_1

Die letztgenannten Generationen stellen derzeit den größten Teil der aktiv arbeitenden Bevölkerung dar. Sie streben im Wesentlichen nach einer angemessenen ‚Work-Life'-Balance,[6] nachdem die Boomer den Begriff ‚Burn-out' geprägt haben.[7]

Darüber hinaus stellt sich vor diesem Hintergrund die Frage nach der nun sich in Ausbildung bzw. im Studium befindenden Generation Alpha. Welchen Einfluss wird diese Generation auf den Arbeitsmarkt und damit auf die Anforderung an Führungskräfte haben?

In der nachfolgenden Betrachtung soll es dabei nicht darum gehen, erneut statische Führungsmodelle zu beschreiben, von denen eine Vielzahl von Boomern für Boomer erdacht wurde. Vielmehr soll es darum gehen, Management und Führung sorgfältig vor dem Hintergrund der aktuellen Herausforderungen (welche wir im Rahmen dieser Betrachtung unter dem Begriff ‚Digitalisierung' subsummieren) der Unternehmen in Deutschland voneinander abzugrenzen, um dann an den entscheidenden Stellen die Wechselwirkung zwischen beiden Feldern aufzuzeigen.

Um das aus Sicht der Autoren notwendige Maß an Praxisnähe sowie Relevanz für diese Betrachtung zu erzielen, erfolgt nach einer thematischen Einordnung, sowie der Einordnung der Begrifflichkeiten „Management" und „Führung" zueinander, die Erläuterung des titelgebenden Dilemmas. Es folgt der Blick von Lehrenden auf das Lern- bzw. Sozialverhalten junger Akademikerinnen und Akademiker, ehe diese ins Berufsleben einsteigen. Es folgt die Erläuterung der Notwendigkeit der Auflösung des Generationenkonfliktes in Arbeitsteams sowie Überlegungen zu Führungsansätzen in eben diesen. Im weiteren Verlauf folgen dann Erfahrungen und Sichtweisen unterschiedlichster Führungskräfte und Managerinnen bzw. Manager, um einen möglichst umfassenden Blick zu ermöglichen. Die Betrachtung schließt mit einem Blick auf ihre unterschiedlichen Aspekte und Lösungsansätze.

[6] https://www.tagesschau.de/wirtschaft/arbeitsmarkt/generation-z-arbeitsmarkt-100.html

[7] https://www.wiwo.de/erfolg/management/generation-babyboomer-viele-babyboomer-sind-an-ihre-belastungsgrenzen-gekommen/28792358.html

Führung als Verantwortung des Managements

2

Stefan Brassel

Definitionen, Abgrenzungen sowie Schnittstellenausleuchtungen zwischen den Begriffen: Management, Führung (bzw. Leadership) und den entsprechenden Wechselwirkungen gibt es in zahllosen Publikationen. Aus diesem Grund soll hier nur eine kurze Abgrenzung der Begrifflichkeiten erfolgen bzw. sollen Begriffe erweitert werden, welche dann im weiteren Verlauf nach dem Verständnis der Autoren eingeordnet werden.

Der angloamerikanische Begriff Management beschreibt heute im betriebswirtschaftlichen Sprachgebrauch die funktionale Perspektive der Tätigkeit der Unternehmensführung sowie die institutionelle Sichtweise des geschäftsführenden Organs – somit die Personen der Unternehmensleitung, welche allgemeinhin als das „Management" in entsprechenden Entitäten betitelt werden.[1]

Durch eine moderne Auslegung des Begriffes Strategie rückte u. a. Prof. Dr. Hermann Simon diese in den Kontext zu ‚Management'. Strategie umfasst dabei die Fähigkeit, sämtliche Ressourcen eines Unternehmens zielgerichtet zu entwickeln und einzusetzen, um eine nachhaltige sowie profitable Entwicklung zu gewährleisten (Simon 2004). Einen großen Einfluss auf die Einführung des Begriffes „Strategisches Management" hatten die Autoren Ansoff, Declerck und Hayes im Jahr 1976 mit ihrer Veröffentlichung: „From Strategic Planning to Strategic Management" (Ansoff 1976). Damit erfolgte eine Übertragung bzw. Erweiterung der im militärischen Kontext formulierten Überlegung zur Strategie von z. B. von Clausewitz (Carl Philipp Gottlieb) insbesondere in seinem Werk: ‚Vom Kriege' (erstmalig von seiner Witwe veröffentlicht: 1832–34).[2]

[1] https://wirtschaftslexikon.gabler.de/definition/management-37609/version-155201 [27.04.2025]

[2] https://www.deutsche-biographie.de/sfz56746.html#ndbcontent [27.04.2025]

A. Gadatsch, S. Brassel, *Management zwischen Digitalisierung und Generationenkonflikt*, https://doi.org/10.1007/978-3-658-51035-0_2

Vor diesem Hintergrund erscheint es bemerkenswert, dass eines der bekanntesten Bücher zur (militärischen) Strategie „Sun Tsu", welches vor mehr als 2500 Jahren von „Sun Wu" und „Sunzi" in China verfasst wurde, die besondere Bedeutung der „Führung" betont: „Der Krieg ist für einen Staat eine bedeutende Angelegenheit, denn er entscheidet über Leben und Tod und kann zum Untergang oder Weiterbestehen des Staates führen. Auf jeden Fall ist Krieg eine Angelegenheit, die einer genauen Untersuchung unterzogen werden muss. Aus diesem Grund sind für den Erfolg fünf Faktoren zu berücksichtigen, die für die Dauer und die Berechnung der Kapazitäten ausschlaggebend sind" (Tsu 2022, S. 27).

► Der entscheidende Faktor ist nach Ansicht der beiden Autoren „Sun Wu" und „Sunzi" die „Führung", welche wörtlich als *„der Weg ‚Dao', der hier für das moralische Verhalten des Herrschers steht..." (Tsu 2022, S. 27).*

Ein wenig ‚sperrig' erscheinen mag zunächst der Begriff ‚Humankapital', welcher auf die Arbeiten der Wirtschaftswissenschaftler Jacob Mincer, Theodore W. Schultz und Gary S. Becker zurückgeht.[3]

In der entsprechenden Fachliteratur findet sich die Bezeichnung in unterschiedlichen Disziplinen wie der Sozialpsychologie, der Betriebs- sowie Volkswirtschaftslehre wieder. Der Begriff impliziert jedoch bereits durch seine Teilkomponenten eine menschliche sowie eine Wertedimension. Begrifflich wird Mitarbeitenden somit ein ‚Wert' zugeschrieben.[4]

In seinem Bericht „Human Capital as an Asset: An Accounting Framework to Reset the Value of Talent in the New World of Work" betonte das Weltwirtschaftsforum im Jahr 2020 den Wert des Humankapitals als einen ausschlaggebenden Differenzierungsfaktor in der Post-Corona-Arbeitswelt.[5]

„Führung" ist nun sowohl eigenständig als auch im Schnittmengensinne mit Management zu verorten. Ein wenig ‚vereinfacht' könnte man festhalten, dass sich das Management im Sinne der Unternehmensführung als kaufmännische Entität versteht. Führung bedeutet dabei die Verantwortlichkeit für die wertvollste „Ressource" des Systems Unternehmung (Grass, 2000), welche diese erst mit Leben füllen: die Mitarbeitenden. Was wiederum, für sich genommen, von der betriebswirtschaftlichen Sichtweise des Managements, nicht zu trennen ist (vgl. Abb. 2.1).

Interessant in Bezug auf das Konzept „Führung" dabei ist, dass selbst traditionell betriebswirtschaftlich geprägte Denkweisen wie der Taylorismus Verweise auf ethische Grundnormen und Werte enthalten. Der Begriff ‚Führung' wird dabei aufgrund seiner ihm inne liegenden Komplexität (die Bedeutung bezieht sich sowohl auf das Handeln des Führenden als auch auf das des Geführten) innerhalb verschiedener wissenschaftlicher Disziplinen wie z. B. der Psychologie, der Soziologie oder den Wirtschaftswissenschaften unter

---

[3] https://dorsch.hogrefe.com/stichwort/humankapital [27.04.2025]

[4] https://www.controlling-wiki.com/de/index.php/Human_Capital [27.04.2025]

[5] https://www.weforum.org/publications/human-capital-as-an-asset-an-accounting-framework-to-reset-the-value-of-talent-in-the-new-world-of-work/ [27.04.2025]

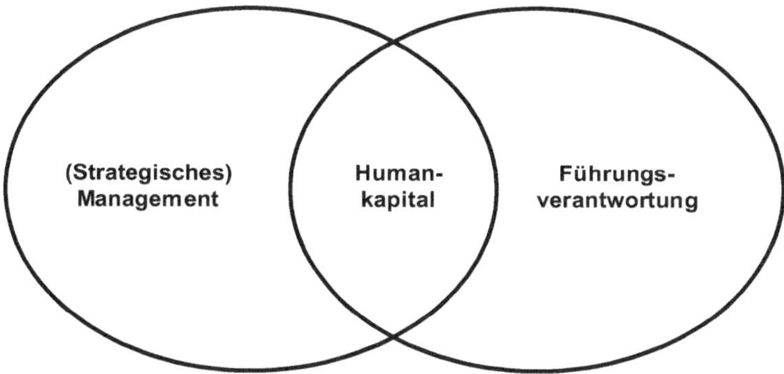

Abb. 2.1 Ganzheitliche Unternehmensführung

Einbeziehung unterschiedlicher Paradigmen diskutiert (Blessin und Wick 2021). An dieser Stelle verzichten wir bewusst auf die Darstellung „klassischer" Führungsmodelle. Wir nähern uns dem Begriff der diesem Werk zugrunde liegenden Grundidee aus dem Blickwinkel erfahrener „managender Führungskräfte".

Wir halten fest

Führungskultur hat einen entscheidenden Einfluss auf den Unternehmenserfolg und liegt damit in der zentralen Verantwortung des Managements im Sinne seiner ureigenen Aufgabe. Der im angelsächsischen Sprachraum üblichen, begrifflichen Trennung von Management und Leadership setzen die Autoren somit im Folgenden die Überzeugung entgegen, dass beides in der Verantwortung derselben verantwortlichen Personen im Sinne erfolgreicher Unternehmensführung liegt.

Bleibt die Frage: Wie kommt es dann zu den in der Gallup-Studie erhobenen Ergebnissen und warum tun sich Unternehmen und damit Managerinnen und Manager oftmals so schwer mit dem Thema „Führung"? Diesem Umstand wollen wir in den folgenden Kapiteln nachgehen.

Auswirkungen der Digitalisierung auf Führungskonzepte 3

3.1 Wechsel von klassischen zu agilen Konzepten

Andreas Gadatsch

Die Digitalisierung hat die Gesellschaft und insbesondere die Berufswelt nachhaltig und unumkehrbar beeinflusst. Die aktuellen Themen in der Forschung betreffen die Energiewende, Kreislaufwirtschaft, Mobilität sowie verschiedene Facetten der Digitalisierung. In der Praxis werden insbesondere in Start-ups hochmoderne IT-Lösungen für unterschiedliche Einsatzbereiche verwendet.

Neuere Geschäftsmodelle wie Netflix, Uber, Elektroscooterverleih dominieren die Szene und versprechen neue Kundenerlebnisse und alternative Arbeitsmöglichkeiten (Agiles Arbeiten, New Work, Home Office, Web Meetings, Vacation u. a. m.). Andererseits sind in vielen länger existierenden Unternehmen noch zahlreiche Legacysysteme (sprich technisch veraltete Software) im Einsatz, deren Ablösung offenbar nicht gewollt oder möglich ist.

Bereits 2018 hatte Prof. Dr. Dieter Spath, der damalige Präsident von Acatech (Akademie der Technikwissenschaften), auf einer Tagung prognostiziert, dass die Digitalisierung einen starken Wandel in der Berufswelt mit sich bringen wird (Spath 2018). So wandelt sich die Gesellschaft weg von der reinen Gewinnmaximierung zur sinnstiftenden Gesellschaft, die nicht mehr in Hierarchien der Babyboomerzeit, sondern in Netzwerken der aktuellen Generation denkt und anstelle von statischer Planung und Kontrolle mehr auf Kollaboration, Experimente, Offenheit und Transparenz setzt. Die Digitalisierung gilt demnach als gesellschaftsverändernder Motor, der die Agilisierung vorantreibt.

Arbeitsmarkt im Wandel Dieser Trend führt aber auch zu enormen Effekten auf dem Arbeitsmarkt. So wächst der Anteil von Personen, die zu qualifizieren sind, und gleichzeitig

A. Gadatsch, S. Brassel, *Management zwischen Digitalisierung und Generationenkonflikt*, https://doi.org/10.1007/978-3-658-51035-0_3

steigt der Fachkräftemangel. Viele, auch höher qualifizierte Jobs können zunehmend von Softwarerobotern (bots) ausgeführt werden, auch solche mit hoher Qualifikation. Hiervon sind repetitive digitalisierbare Tätigkeiten in der Sachbearbeitung, Finanzwelt, Auftragsabwicklung, Reporting u. a. m. betroffen.

Es gibt einen zunehmenden Druck, künstliche Intelligenz (KI) im Berufsalltag zu verwenden, um die Effizienz und Produktivität der Geschäftsprozesse zu steigern. Insbesondere generative KI kann mittlerweile hoch qualifizierte Schreibarbeit erledigen oder zumindest unterstützen.

Akademiker sind nicht mehr vor Jobverlust geschützt. Hierzu reicht ein Blick auf die Webseite https://job-futuromat.iab.de/ des Institutes für Arbeitsmarkt und Berufsforschung (IAB), auf der man seine Tätigkeit leicht auf „Automatisierungspotenzial" hin überprüfen lassen kann. Probieren Sie es einfach aus. Sie werden vielleicht überrascht sein, dass Ihre Tätigkeit bereits zu großen Teilen automatisierbar ist.

Erste Studien zeigen, dass auch Führungsaufgaben in Teilen mit Künstlicher Intelligenz unterstützt werden können, zumindest aber Führungskräfte von Routineaufgaben entlasten können und damit Freiraum für strategische Aufgaben schaffen.

Agilität verdrängt Klassik Der Führungsbegriff wird unterschiedlich interpretiert. Als kleinster gemeinsamer Nenner kann es darum gehen, „… das Verhalten anderer Personen zu steuern und dieses Verhaltenssteuerung als eine Art Daueraufgabe von Vorgesetzten zu sehen." (Kühl und Muster 2025). Die Digitalisierung kann als Treiber der Transformation von Führungsprinzipien betrachtet werden. Das klassische Management mit traditionellen Elementen wie Organisation, Planung und Kontrolle wird zunehmend abgelöst durch agile adaptive Strukturen, die ausgehend von einer Vision und Mission Veränderungen durch Inspiration und Motivation von Menschen vorantreiben.

So prognostizierte Bettina Uhlich, die damalige CIO von Evonik, bereits 2021: „Ich wette, dass in fünf Jahren keiner mehr über agiles Arbeiten spricht, weil es so selbstverständlich geworden ist und einfach ‚passiert'. Schließlich redet auch keiner darüber, wenn IT läuft, so wie Strom aus der Steckdose oder Wasser aus dem Hahn." (CIO-Magazin 2022). Aktuell sind wir in den meisten Unternehmen sicher noch nicht so weit, aber die prognostizierte Richtung stimmt.

Agiler Ansatz Das Kernproblem klassischer Managementmethoden ist, dass zu Beginn von Projekten und Maßnahmen viel Unklarheit über das Ziel, Vorgehensweise und zukünftige Anforderungen besteht. Die zu Beginn erstellten Pläne sind daher zwangsläufig falsch und werden im Projektverlauf schnell von der Realität überholt. Viele komplexe Projekte mussten diesen Weg gehen. Oft waren es große „vermeintliche IT-Projekte", die sich im Nachhinein als kultur- und prozessverändernde Projekte herausgestellt haben (Kroker 2018).

Der Lösungsansatz agiler Methoden ist eher simpel aufgebaut: Wenn die klassischen Methoden nicht funktionieren, dann sollten sie auch nicht angewendet werden. Stattdessen soll auf gemischte Teams mit teilweise erfahrenen Mitgliedern vertraut werden, welche die Freiheiten erhalten, das Problem iterativ zu lösen. Transparenz, Freiheit, tägliche bzw. zeitnahe Abstimmung des Teams und dezentrale Verantwortung ersetzen eine detaillierte zentrale Planung.

Im Generationenkonflikt zeigt sich die Spannung zwischen der Anwendung der klassischen und agilen Ansätze. Klassische Ansätze sind der Erfahrungshintergrund der älteren Generationen, sie sind damit aufgewachsen und haben gelernt, die Schwächen zu umgehen.

Die jüngeren berufstätigen Generationen sind mit agilen Ansätzen aufgewachsen und fordern diese im Berufsleben auch verstärkt ein. Dies führt in der Praxis häufig dazu, dass dem Topmanagement klassische Projektpläne präsentiert werden und die darunterliegenden operativen Teams nach agilen Grundsätzen und Methoden (z. B. SCRUM) geführt werden.

Dennoch darf man bei der Diskussion um die Agilität nicht vergessen: Die Unternehmen brauchen stabil laufende Prozesse und Systeme. Das Zitat von Mario Krause, CIO von Ergo, bringt es auf den Punkt: „Die IT der Zukunft ist stabil und agil zugleich!" (CIO-Magazin 2022).

3.2 Herausforderung zwischen Digitalisierung und Generationenkonflikt

3.2.1 Generation Y, Z und α - Was steckt dahinter?

Andreas Gadatsch

Wir wollen an dieser Stelle wie schon oben angedeutet keine wissenschaftliche „Generationenforschung" betreiben. Hierzu wurde bereits ausreichend publiziert. Ziel dieses Abschnittes ist es, die üblichen „Generationsraster" nur kurz zu skizzieren, um die Leserinnen und Leser auf einen gemeinsamen Stand zu bringen.

Das aktuelle Arbeitsumfeld ist von bisher nichtgekannten Veränderungen betroffen. Themen wie Digitalisierung, Automatisierung, demografischer Wandel, Agilität und zunehmende globale Unsicherheit prägen die aktuelle Diskussion im Berufsleben. Neue Arbeitsformen (hybrides Arbeiten, flexible Zeitmodelle u. a.) setzen sich zumindest in bestimmten Berufsgruppen durch.

Im Arbeitsleben treffen derzeit etwa fünf verschiedene Generationen aufeinander, die sich in zahlreichen Merkmalen unterscheiden und unterschiedliche Lebens-, Ausbildungs- und Arbeitsbedingungen kennengelernt haben. In der öffentlichen Diskussion werden insbesondere „Babyboomer" sowie die Generationen (kurz Gen) X, Y, Z und α wahrgenommen. Die Einordnung dieser Personen erfolgt häufig in Zeitintervallen von 15 Jahren, die jedoch je nach Publikation um ein paar Jahre schwanken.

Die Generation der „Babyboomer", also der geburtenstarken Jahrgänge, wird dem Zeitraum 1946–1964 zugerechnet. Die Gen X ist in die Geburtsjahre 1965–1980 eingeordnet. Die sogenannten Millennials (Gen Y) sind zwischen 1981 und 1996 geboren, die sogenannten „Zoomer" (Gen Z) in den Jahren 1997–2012. Aktuell noch nicht im Berufsleben ist die „Digitalgeneration" Alpha (α), die ab 2013 geboren wurde.

Jede Generation tritt durch eine Reihe von übereinstimmenden Merkmalen in Erscheinung. Hierzu zählen insbesondere die Sprache und Ausdrucksweise, das äußere Erscheinungsbild (z. B. Kleidung, Frisuren), die formalen Umgangsformen („Sie"- vs. „Du"-Kultur), Komplexität der Ausdrucksformen in der Schriftform („Sehr geehrte …" versus „Hi"), Arbeitsverhalten („Workaholic" versus „Work-Life-Balance" oder „Überstunden" vs. „4-Tage Woche"), Technologieaffinität („Laptop" vs. „Smartphone") (vgl. Oertel 2014).

Babyboomer (1950–1964) Diese Personen stellen die Nachkriegsgeneration dar, deren Hauptmerkmal die Zugehörigkeit zu den besonders geburtenstarken Jahrgängen ist. Ihre Jugend verbrachten die meisten in einem geschützten und wirtschaftlich aufstrebenden und soliden Umfeld, im geteilten Deutschland allerdings mit systembedingten Unterschieden. Der Berufseintritt war überwiegend in den 1970er- und 1980er-Jahren (vgl. Oertel, 2014). Beruflicher Aufstieg und Anerkennung sind dieser Personengruppe wichtiger als private Aspekte. Sie bevorzugt einen partizipativen Führungsstil und erwarten von ihrer Führungskraft Zuverlässigkeit (Kock und Kock 2023). Typisch für diese Generation ist auch, dass sie häufig ein Leben lang bei einem Unternehmen bleiben oder zumindest eher wenige Firmenwechsel im CV vorweisen.

Nach Lippold (2019) ist die Generation der Babyboomer im Blick auf den Aspekt der Autorität von „Hassliebe" geprägt, was sie von der hier nicht mehr betrachteten Vorgängergeneration der „Traditionalisten" unterscheidet, welche durch „Gehorsam" geprägt wurden.

Gen X (1965–1980) Die Generation X ist die den Babyboomern nachfolgende Kohorte der Nachkriegszeit und vergleichbaren Rahmenbedingungen. Neue Medien (z. B. Fernsehen) und Spielmöglichkeiten (z. B. Computer) traten bei ihr stark in den Vordergrund. Krisen wie Umweltprobleme, steigende Bedeutung der Gleichberechtigung zwischen den Geschlechtern und neue Themen wie Umweltschutz und das Jahrhundertereignis der Wiedervereinigung prägten diese Generation besonders stark (vgl. Oertel 2014).

Der Beruf ist dieser Personengruppe genauso wichtig wie eine ausgeglichene Work-Life-Balance (Kock und Koc, 2023). Sie nutzen gerne digitale Kommunikationstools (insb. E-Mail, Messenger) sowie elektronische Netzwerke (z. B. Facebook, XING, LinkedIn). Generation X ist von Autorität vergleichsweise unbeeindruckt (Lippold 2019), Aspekte wie „Gehorsam" spielen spätestens jetzt keine Rolle mehr.

Gen Y (1981–1996, „Millennials") Besonders intensiv erforscht wurde die Generation Y, auch Millennials genannt, da sie zur Jahrtausendwende die häufigste Personengruppe war. Das „Y" steht auch für „WHY" und bezeichnet damit eine kritische Generation, die vieles hinterfragt bzw. in Frage stellt (vgl. Klaffke 2014). Sie sind bereits einige Zeit berufstätig, habe aber noch eine längere Berufsphase vor sich.

Typische Merkmale dieser Personengruppe sind „Hohe Informationalisierung", „Starke Leistungsorientierung", „Hohe Globalität", „Hohes Ausbildungsniveau", „Starke Skepsis und starkes Selbstbewusstsein“ sowie „Hohes Maß an Flexibilität“ (vgl. Schulenburg 2016). Dies führt dazu, dass Führungskräfte Personen aus dieser Gruppe stets als individuelle Persönlichkeiten betrachten müssen, die nicht in ein einheitliches Schema passen. Besondere Rahmenbedingungen dieser Personengruppe sind die Globalisierung und zunehmende weltweite Unsicherheit sowie das Ereignis um die Terroranschläge vom 11.09.2001 auf das World Trade Center (vgl. Klaffke 2014).

Gen Z (1997–2012, Generation „Why“) Diese Generation ist aufgewachsen mit dem weltweiten Terror in einer Zeit der digitalen Revolution. Menschen dieser Generation scheuen sich als „digital natives“, die 7 × 24 h online sind, nicht, auch während einer Familienfeier mit dem Smartphone zu interagieren, weil es Teil ihrer Kultur und Identität ist (vgl. Eberhard 2016).

Das Berufsleben hat für sie gerade begonnen, sofern sie nicht noch in der Ausbildung sind. Die berufliche Karriere steht deutlich hinter privaten Themen. Die Arbeit muss Spaß machen und wird vom privaten Leben möglichst getrennt. Die Kommunikation erfolgt überwiegend über Messenger auf mobilen Geräten und innerhalb sozialer Medien.

Bevorzugte Arbeitgeberbenefits für diese Personengruppe sind Jobräder, Zuschüsse zu ÖPNV-Tickets oder Fitnessstudiogebühren sowie vor allem Möglichkeiten zur flexiblen Arbeit im Homeoffice. Diese Aspekte sind ihnen wichtiger als Einzelbüros, Dienstwagen oder außertarifliche Bezahlung. Besonders ausgeprägt ist die Bereitschaft dieser Generation, den Arbeitgeber zu wechseln, obwohl die Personen im Regelfall erst auf eine kurze berufliche Laufbahn zurückblicken können. Allerdings ist diese Auffassung nicht einheitlich. So wird auch berichtet, dass auch bei der jüngeren Generation harte Fakten wie „Geld“ bzw. gute Bezahlung wichtig sind (CIO Magazin 2025).

Für Arbeitgeber und Arbeitgeberinnen wird es zunehmend wichtiger, sich gezielt auf die Bedürfnisse dieser Personengruppe einzustellen, um beispielsweise Arbeitskräfte zu gewinnen oder die eigenen Produkte passend zu platzieren. Um Unternehmen den Zugang zu dieser wichtigen Personengruppe zu erleichtern, wurden bereits zahlreiche Beratungsunternehmen mit speziellen Services aktiv. So bietet die Firma „Vizo“ an, die „Brücke zwischen Generationen zu bauen“, und offeriert Unterstützung, um „junge Talente zu gewinnen“ (vgl. https://thefuture-consulting.de/). Ähnliche Services mit plakativen Begriffen wie „Gen Z Strategy“, „Gen Z Recruiting“ oder „Gen Z Keynotes & Events“ bieten weitere Unternehmen an. Eine kurze Internetsuche mit den Stichworten „Gen Z Consult“ liefert die passenden Beispiele.

Die Generation Z wird in der öffentlichen Wahrnehmung mit vielen negativen Klischees in Verbindung gebracht, die jedoch nicht immer einer faktenbasierten Diskussion standhalten. Ihnen ist nicht nur wichtig, die o. g. Benefits zu erlangen, sondern auch die berufliche Tätigkeit. Analysen der Bundesanstalt für Arbeit (BA) haben ergeben, dass die Erwerbstätigkeit der 20- bis 24-Jährigen auf den höchsten Stand seit Jahrzehnten geklettert ist (vgl. IAB-Forum 2025). Interessant ist, dass die Erwerbsbeteiligung insbesondere bei Teilzeitbeschäftigungen, aber auch bei Vollzeitarbeitsverhältnissen steigt.

Tab. 3.1 Einstellung zur Arbeit nach Generationen (Lippold 2019)

Baby Boomer	Leben, um zu arbeiten
Gen X	Arbeiten, um zu leben
Gen Y (Millennials)	Erst leben, dann arbeiten
Gen Z	Leben und Arbeiten als fließender Prozess

Gen (α)/Generation Alpha (2010–2025) Nach dem Buchstaben „Z" kommt im Alphabet wieder der Buchstabe „A". Die Generation Alpha folgt also der Generation Z. Hierzu zählen Personen, die etwa nach 2010 und bis 2025 geboren sind bzw. sein werden (vgl. Maas 2023) und schon im Kleinkindalter mit neuen Medien (Tablets, Smartphones, Sprachassistenten u. a.) in Berührung kommen. Diese Generation ist aktuell noch nicht berufstätig, noch in der schulischen Ausbildung und sehr stark vom demografischen Wandel betroffen. Die „Alpha-Kinder" sind daher Einflussfaktoren ausgesetzt, die sich deutlich von denen der früheren Generationen unterscheiden. Dies sind insbesondere Aspekte der Erziehung (Nutzung digitaler Medien, Homeschooling während Corona und Lockdown während der Schulzeit) und Einflüsse der Gesellschaft (Teilhabe am Leben erfordert Nutzung von Social Media, viele berufliche Optionen mit starken Veränderungen der Berufsbilder, große Einkommensdifferenzen in den Elternhäusern, hoher Einfluss der Migration im persönlichen Umfeld, Überalterung der Gesellschaft) und vieles mehr (vgl. Maas 2023). Positive Aspekte sind auf dem Ausbildungs- und Arbeitsmarkt anzutreffen, der ihnen große Wahlmöglichkeiten bietet, da es häufig mehr Stellen als Bewerber gibt und z. B. Ausbildungsplätze nicht besetzt werden können. Es wird daher im Umfeld der Pflegewissenschaften befürchtet, dass diese „Optionsflut" zu Überforderungen der Betroffenen führen kann (vgl. Maas und Kuhn 2024).

Möchte man das Verhältnis zur Arbeit verschiedener Generationen auf den Punkt bringen, kann man sich der plakativen Formulierung nach Lippold (2019) bedienen (vgl. Tab. 3.1).

3.2.2 Die Generationen Y, Z und α aus Sicht eines Praktikers

Stefan Brassel

Der „Einordnung" halber sei erwähnt, dass der Autor dieses Abschnittes, 1980 geboren und Erstakademikergeneration seiner Familie, sich als „Bindeglied" zwischen der Generation X sowie den Millennials begreift.

Unabhängig der wissenschaftlichen Klassifizierungen verschiedener Generationen lässt sich generell eine Tendenz hin zu mehr „Selbstwahrnehmung" bei Arbeitnehmern feststellen. Die Reflexion des Aushandlungsprozesses zwischen Arbeitszeit bzw. ‚privater'

Zeit oder Flexibilität (z. B. durch Ansätze wie „Work-Life-Integration“)[1] wird offener an die Unternehmensführung herangetragen bzw. der Diskurs offen eingefordert.

Es werden durch alle Generationen hinweg Fragestellungen wie Arbeitsorte (Stichwort ‚Homeoffice‘[2] oder „Workation“),[3] Arbeitszeitmodelle (Stichwort: ‚Elternzeit‘[4]) oder Vergütungsmodelle verhandelt, anders als dies in den 1980/90er-Jahren üblich war (abseits gewerkschaftlich geprägter Arbeitsmodelldiskussionen).

Die Grundlage hierfür dürften weniger ‚generationenbasierte Schwerpunkte‘ sein, sondern eher gesellschaftliche Aushandlungsprozesse über einen gleichberechtigten Zugang zum Arbeitsmarkt, Karriereoptionen der Geschlechter sowie eine gerechtere Verteilung der sogenannten „Care-Arbeit“.[5]

Zumal die „Boomer“ als Kinder der Nachkriegsgeneration[6] (Anmerkung der Autoren: gemeint ist hier der 2. Weltkrieg 1939–1945) die Arbeit „sichtbar“ mit steigendem Wohlstand verbanden. Die Generation X als Nachfolger der „Boomer“ konnte den wirtschaftlichen Aufstieg der Eltern durch „Arbeit“ „erleben“ und profitierte sogar im Sinne einer höheren Akademisierungsquote[7] direkt davon. Mehr Eltern konnten es sich „leisten“, den Nachwuchs studieren zu lassen.

Generation Y (Millennials) Um die sich verändernden Anforderungen der Generation Y an den Arbeitsmarkt zu verstehen, lohnt, neben dem Blick auf gesellschaftliche Aushandlungsprozesse, die Sicht auf die allgemeine wirtschaftliche Situation der Generation. Noch stärker als bei den Boomern sind die Mitglieder der Generation Y sehr gut ausgebildet. Veränderte wirtschaftliche Rahmenbedingungen machen es ihnen aber ungleich schwerer, die „wirtschaftliche Erfolgsgeschichte“ ihrer Elterngeneration fortzuschreiben.[8]

Dies schärft den Blick auf das Thema ‚Vergütung‘, bringt aber zudem deutliche ‚Zweifel‘ am Modell ‚Leben, um zu arbeiten‘ der Boomer mit sich, den „Erfindern“ des Burnouts. Hiermit „fremdelt“ diese Generation. Dennoch ist festzustellen: Die größere

[1] https://www.michaelpage.de/advice/karriere-tipps/arbeitswelt/work-life-integration-der-neue-trend-am-arbeitsmarkt [01.06.2025].

[2] https://www.bmas.de/DE/Arbeit/Arbeitsrecht/Teilzeit-flexible-Arbeitszeit/homeoffice.html [01.06.2025].

[3] https://www.aok.de/pk/magazin/wohlbefinden/gesund-im-job/workation-so-bringen-sie-arbeit-und-urlaub-zusammen/ [01.06.2025].

[4] https://www.bmfsfj.de/bmfsfj/themen/familie/familienleistungen/elternzeit [01.06.2025].

[5] https://www.bmfsfj.de/bmfsfj/themen/gleichstellung/gender-care-gap/indikator-fuer-die-gleichstellung/gender-care-gap-ein-indikator-fuer-die-gleichstellung-137294 [01.06.2025].

[6] https://www.woman.at/gesellschaft/baby-boomer [01.06.2025].

[7] https://www.destatis.de/DE/Presse/Pressemitteilungen/2018/09/PD18_332_217.html [01.06.2025].

[8] https://www.businessinsider.de/karriere/am-besten-ausgebildet-aber-am-schlechtesten-bezahlt-darum-haben-es-millennials-finanziell-schwerer-als-andere-generationen-d/ [01.06.2025].

„,wirtschaftliche Verunsicherung“ dieser Generation führt dazu, dass sich diese im Zweifel eher für ‚klassische‘ Karrierepfade entscheidet, auch wenn nicht mehr um jeden Preis.[9]

Generation Z In dieser Generation kumulieren sich noch einmal mehr die Widersprüche. Nicht zuletzt durch die anhaltende Phase des Fachkräftemangels während ihrer Ausbildungszeit (ihr werdet gebraucht), den Übergang ins Berufsleben während Corona bzw. die entsprechenden Nachwirkungen sowie die anhaltende wirtschaftliche Verunsicherung aufgrund der weltpolitischen Lage[10] (werden wir wirklich gebraucht?). Dabei zeichnet sich die nächste Fragestellung bereits mehr als deutlich ab: der Einfluss von KI auf den Arbeitsmarkt bzw. die entsprechenden Berufsbilder.[11]

Aus „praktischer“ Sicht könnte man sagen: Stärker noch als die Generationen davor trägt die Generation Z diese Verunsicherung in die Unternehmen und formuliert diese als Anforderung an das Modell „Führung“. Die Suche nach „Orientierung“ sowie Sinn bedingt das Hinterfragen (Why) und erschwert Loyalität.

Umso wichtiger ist hier die Führungspersönlichkeit. Die Empathie ist an der Stelle entscheidend. Der allgemeinen Kritik an dieser Generation können sich die Autoren nicht anschließen. Es erfordert einfach mehr ‚Zeit‘ und damit letztlich eine kürzere Leitungsspanne, um die Fragen, die diese Generation stellt, so weit als möglich zu beantworten.

Die Orientierung sowie die Akzeptanz des jeweiligen Individuums sind hier der ‚Schlüssel‘ zur Zusammenarbeit mit dieser, zumeist sehr gut ausgebildeten Generation.

Generation α Über diese Generation lässt sich im Verhältnis zwischen Unternehmen und Arbeitnehmern noch sehr wenig sagen. Entscheidend wird sein, welchen gesellschaftlichen Einflüssen diese jungen Menschen in den nächsten fünf Jahren ausgesetzt sind, ehe die Ersten dieser Generation Teil des Berufs- und Erwerbslebens werden.

Zusammenfassend ist aus praktischer Sicht folgendes zu sagen: (Personal-)Führung ist eine Aufgabe. Sie ist keine ‚Nebensache‘ bzw. keine ‚Unterfunktion‘ des Managements. Es bedarf des Verständnisses der unterschiedlichen Anforderungen von Individuen und Generationen an Führungskräfte, aber auch deren Wechselwirkung untereinander. Dieser Anforderung gerecht zu werden und die Potenziale der Generationen maximal im Unternehmensinne „nutzbar“ zu machen, erfordert im Sinne des kleinsten gemeinsamen Nenners eines Führungsmodells, klare, offene Kommunikation, Ehrlichkeit sowie Transparenz über die gemeinsamen Werte und Ziele. Kombinieren Führungsverantwortliche dies mit einer gewissen Akzeptanz des Individuellen, ist im Umgang mit den unterschiedlichen Generationen schon viel gewonnen.

---

[9] https://www.ingenieur.de/karriere/arbeitsleben/arbeitssicherheit/die-generation-y-anspruchsvoll/#google_vignette [01.06.2025] .

[10] https://www.iwkoeln.de/presse/pressemitteilungen/michael-groemling-der-deutschen-wirtschaft-fehlen-545-milliarden-euro.html [01.06.2025].

[11] https://www.bpb.de/themen/arbeit/arbeitsmarktpolitik/522513/die-auswirkungen-von-kuenstlicher-intelligenz-auf-den-arbeitsmarkt/ [01.06.2025].

3.2.3 Die Generationen Y, Z und α aus Sicht eines Lehrenden

Andreas Gadatsch
Der Verfasser dieses Abschnittes gehört zur Gruppe der Babyboomer und hat neben seiner Berufstätigkeit in verschiedenen Industrie- und Dienstleistungsunternehmen umfangreiche Lehrerfahrungen an mehreren Hochschulen beginnend mit 1996 sammeln können.

Er hat in dieser Zeit viele der vorgestellten Generationen unterrichten dürfen und kennt die verschiedenen Aspekte von Führung aus verschiedenen Lebensphasen (eigener Berufseinstieg, erste Führungsaufgaben, Weiterentwicklung und später aus der Dozentenperspektive bis hin zur Führung von hochschulbezogenen Führungsaufgaben (Fachgruppen, Forschungsgruppen, Berufungskommissionen, Auswahlkommissionen, Senatsleitung u. a. m.)).

Er hat zunächst als nebenberuflich tätiger Lehrbeauftragter der FH Köln (heute TH Köln) mehrere Semester praktisch ausgerichtete Lehrveranstaltungen im SAP-Labor gehalten. Später unterrichtete er als hauptamtlicher Dozent Fächer der Wirtschaftsinformatik mit Fokus auf Informations- und Prozessmanagement. Die nachfolgend zusammengefassten Erfahrungen schildern seine persönliche Perspektive mit Bezug auf die verschiedenen Generationen.

Phase I: 1996–2000 (Gen X) In dieser Phase waren die Studierenden etwa 10 Jahre jünger als der Dozent und damit fast noch auf „Augenhöhe", was die Generationenzugehörigkeit betraf. Diese Studierenden gehörten zu den letzten Kohorten der Gen X, meist in den späten 1970ern geboren.

- Geräte

Im Computerlabor standen voluminöse Desktop-PCs mit kleinen Bildschirmen. Laptops als Notizwerkzeug waren bei den Studierenden sehr selten, auch der Verfasser kam als Dozent mit einer CD-ROM in den Hörsaal, auf der die Vorlesungsfolien des gesamten Semesters gespeichert waren. Ausdrucke der Skripte und Notizblöcke und die Basislektüre in Form von ausgewählten Büchern lagen fast überall auf dem Tisch.

- Interaktion

Die Studierenden dieser Zeit konnten anhand praxisnah aufgebauter Vorlesungen mit interaktiven Übungen am Rechner sehr gut zur Mitarbeit motiviert werden. Ein Grund dafür war, dass sie regelmäßig eine vorangegangene Berufsausbildung oder längere Berufspraktika vorweisen konnten. Die Vermittlung von Theorie war andererseits nicht so beliebt.

Obwohl die Vorlesungen geblockt am späten Freitagnachmittag stattfanden (15.00 Uhr – 20.00 Uhr), waren die Nachfrage nach den limitierten „Plätzen" und die Teilnehmerquote immer sehr groß. Die vermittelten „SAP-Kenntnisse" waren die „Renner" am Arbeitsmarkt.

- Kritik

Allerdings wurde von dieser Personengruppe erstaunlich wenig Kritik an den Inhalten der Veranstaltung oder der Lehrmethodik geübt. Der Stoff wurde bearbeitet, ohne ihn nennenswert zu hinterfragen. Die nicht einfach zu bedienende SAP-Oberfläche (SAP GUI) mit vielen für Einsteiger unverständlichen Fehlermeldungen, langen Antwortzeiten u. a. Tücken im Detail war das damalige technische Maß der Dinge. Die „Usability" der Software war für die Studierenden selten ein Thema, über das diskutiert wurde. Das Tool selbst und die oft zeitraubenden und anstrengenden Übungen wurden hingenommen, denn die Teilnehmer wussten den Wert von „SAP-Kenntnissen" für den Berufseintritt zu schätzen und versuchten, sich möglichst viel davon anzueignen.

Gruppenarbeiten wurden im Hörsaal durchgeführt. Besprechungen mit Studierenden wurden üblicherweise vor und nach den Vorlesungen oder in gesonderten Terminen „on-site" durchgeführt.

Phase II: 2000–2010 (Gen Y)

- Geräte

In dieser Phase kamen die ersten Millennials (Gen Y) in die Hörsäle. Im Computerlabor standen etwas schlankere Desktop-PCs. Laptops als Notizwerkzeug wurden hin und wieder genutzt, waren aber nicht die Regel. Der Einsatz der Geräte wurde durch die kurzen Akkulaufzeiten und fehlenden Steckdosen in den Hörsälen faktisch behindert.

Mobiltelefone lagen verstärkt auf dem Tisch, ab 2007 kamen gelegentlich die ersten Smartphones dazu, was zu einem erhöhten „Ablenkungspotential" führte. Ausdrucke der Skripte und Notizblöcke waren im Hörsaal immer noch gut sichtbar. Fachbücher wurden in Papierform in der Bibliothek ausgeliehen und zumindest gelegentlich mit in die Vorlesung gebracht.

Anfangs gab es noch sogenannte „Hörerscheine" für den rabattierten Bezug von Lehrbüchern des jeweiligen Dozenten, was aber durch rechtliche Änderungen bald nicht mehr möglich war.

- Online versus Onsite

Gruppenarbeiten wurden wie bislang üblich noch on-site, also im Hörsaal, durchgeführt. Onlineunterricht gab es nicht. Die ersten Gastvorträge wurden vereinzelt digital über das neue Medium „Skype" in den Hörsaal übertragen.

Der Autor kann sich noch sehr gut an einen Gastvortrag eines Alumnus erinnern, der live aus Sydney in Australien in die Mittagsvorlesung nach Sankt Augustin zugeschaltet wurde. Die Resonanz war sehr positiv. Heute sind Onlinegastvorträge fast schon zum Standard geworden.

Besprechungen mit Studierenden wurden meist noch vor und nach den Vorlesungen oder in gesonderten Terminen „on-site" durchgeführt, die ersten „Skype-Termine" bei speziellen Situationen konnten erfolgreich praktiziert werden. Ein Beispiel war die Betreuung einer Studentin im Auslandssemester in London via Skype.

- Kritik

Die Studierende verfügten spätestens ab der Markteinführung des ersten iPhones zunehmend Nutzererfahrungen in der Bedienung von Smartphones. Die leichte Bedienbarkeit der Geräte führte zunehmend zur kritischen Betrachtung der Benutzeroberfläche des SAP-Systems (SAP GUI), welche nach komplett anderen Prinzipien arbeitete.

Phase III: 2010–2020 (Gen Y/Z)

- Geräte

Laptops, Smartphones und später auch Tablet-PCs wurden zum neuen Begleiter von Studierenden in vielen Vorlesungen. In dieser Zeit verschwanden zunehmend Papierbücher, Schreibblöcke und ähnliche Gegenstände von den Tischen. Die fehlende Infrastruktur (z. B. nicht ausreichende Steckdosen, schwaches und instabiles WLAN) wurden verstärkt kritisiert. Gegen Ende der Dekade wurden vereinzelt Besprechungen über heute gängige Kollaborationstools (z. B. Zoom) durchgeführt.

- Praxisvorkenntnisse

Die Zahl der Studierenden mit einer vorangegangenen Berufsausbildung oder anderer Praxis sankt in dieser Zeit drastisch. Dies hat dazu geführt, dass Standardlehrbeispiele in langlebigen Methodenfächern wie Datenmodellierung oder Prozessmodellierung angepasst werden mussten. Bislang bekannte Begriffe wie „Auftrag", „Rechnung", „Stückliste", „Arbeitsplan" oder „Spediteur" musste vor Nutzung erläutert werden.

- Interaktion

Die zunehmende Ablenkung durch die Nutzung mobiler Endgeräte führte zu einer Reduzierung der Aufmerksamkeitsspanne. Zuhören, Chatten und Internetrecherchen als gleichzeitig stattfindende Aktivitäten wurden zum Standard. Eine Standardvorlesung über die Zeitspanne von 90 min war nur noch mittels massiven Einsatzes von „aufmerksamkeitssteigernden" bzw. „aktivierenden" Lehrmethoden oder zumindest Elementen davon möglich.

Die klassische Vorlesung war damit praktisch „gestorben". Verbote von Smartphones waren zwecklos, stattdessen war es sinnvoller, diese Geräte aktiv in den Unterricht einzubinden. Der Einsatz von Onlinetools wie „Mentimeter", „Slido" o. ä. nahm stark zu und wurde interessanterweise auch aktiv von den Studierenden eingefordert. Aus Sicht des Dozenten ist es im Hörsaal einfacher, eine elektronische Kommunikation via Smartphone zu initiieren, als eine verbale direkte Kommunikation per gesprochenem Wort.

- Praxisrelevante Inhalte

Die Einbeziehung praxisrelevanter Inhalte, z. B. durch Gastvorträge, waren stets feste Elemente in den Vorlesungen des Verfassers. Es galt das Prinzip: In jeder Vorlesung findet mindestens ein Gastvortrag je Semester statt. Im Masterprogramm wurde eigens eine jährlich stattfindende „Controlling-Tagung" ins Leben gerufen.

Mittlerweile hat es sich leider gezeigt, dass dies nicht immer von den Teilnehmerinnen und Teilnehmern honoriert wird. Gastvorträge mit Externen (häufig sogar Alumni) müssen als „klausurrelevant" deklariert werden und auch zumindest in kleinen Teilen in die Prüfung einfließend, sonst sinkt die Teilnehmerquote bei diesen Formaten drastisch.

- Freiwilligkeit

Freiwillige Teilnahmen an Zusatzveranstaltungen außerhalb der regulären Vorlesungen (z. B. an hochschulinternen Fachtagungen mit externen Gästen) werden zunehmend unwillig oder nicht besucht. Die über fast 10 Jahre angebotene „Sankt Augustiner Controlling-Tagung" konnte nicht mehr angeboten werden, da es den Topreferenten und -referentinnen aus der Praxis nicht zugemutet werden konnte, in halbleeren Vorlesungsräumen zu referieren.

Nachfragen und Evaluierungen bei den Studierenden haben gezeigt, dass zunehmend der kurzfristig direkte persönliche Nutzen nicht gesehen wird. Die langfristige Perspektive und Kontaktmöglichkeiten werden nicht antizipiert.

Phase IV: Ab 2020 (Corona und Postcorona)

- Online/Hybrid/Präsenz

Nach der Coronazeit, welche die Hochschulen über fast drei Semester mehr oder weniger zu Onlinehochschulen umfunktioniert hat, stand der Verfasser wie viele andere auch vor der Frage, in welchem Format jetzt wieder unterrichtet werden solle. Die klassischen Hochschulen verstehen sich als Präsenzhochschulen, reine Onlineformate sollen also die Ausnahme sein.

Der Transformationsprozess ist mittlerweile abgeschlossen, es gibt Regelungen und Vorgaben des Ministeriums und der Hochschulleitung. Im Regelfall wird also in Präsenz unterrichtet, im Ausnahmefall (z. B. Verkehr, Wetter, didaktische Gründe, Streik beim ÖPNV) online oder auch hybrid.

Bei hybriden Veranstaltungen sind interessanterweise oft diejenigen Studierenden vor Ort, die sich aktiv beteiligen. Die große Masse nutzt sehr gerne die Möglichkeit, von außerhalb teilzunehmen, was unterschiedliche Gründe haben dürfte.

Nicht selten wird man als Dozent auch aktiv gefragt, ob eine Veranstaltung online, anstatt in Präsenz, stattfinden kann. Häufige Anlässe sind sogenannte „Brückentage" an denen Vorlesungen geplant sind, oder vergleichbare Situationen.

- Eingeschrieben im Kurs versus Teilnahme

Seitdem die Coronapandemie überwunden ist, sinken die Teilnahmezahlen bei Präsenzveranstaltungen im Vergleich zu den in den Kursen eingeschriebenen Personen. Die Ursachen sind aus Dozentensicht unklar. Versuche, die Ursachen zu finden, sind bislang wenig erfolgreich gewesen.

- Kritik

Seit vielen Jahren sind Lehrevaluierungen an Hochschulen etabliert. Leider wird dieses Instrument von der aktuellen Generation nicht hinreichend genutzt. Die Teilnahme an Lehrevaluierungen lässt zu wünschen übrig, trotz wohlwollender Aufforderungen durch die Dozentinnen und Dozenten aller Lehrveranstaltungen. Fragt man konkret nach, kommen Antworten wie „Wir können ja doch nichts bewirken" bis hin zu „Keine Zeit, keine Lust". Offenbar sind neue Formate gefragt, denn das schematische Ausfüllen der Evaluierungsbögen, egal ob elektronisch oder in Papierform, erscheint nicht mehr zeitgemäß.

Generationentableau Bezieht man die Nachkriegsgeneration und die Generation Alpha mit ein, so ergibt sich ein aktualisiertes Bild des „Generationentableaus" nach Klaffke (2022), welches in Abb. 3.1 dargestellt ist. Nicht berücksichtigt sind die in der Realität unterschiedlich lange Phasen der Berufstätigkeit und des Ruhestands, welche sich auf-

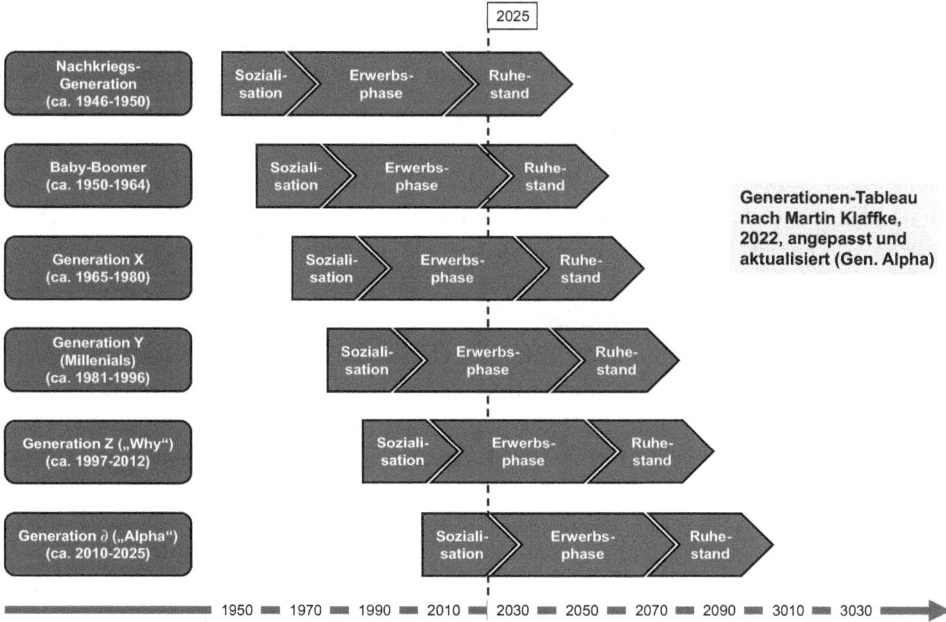

Abb. 3.1 Generationentableau. (Nach Martin Klaffke, 2022, angepasst und erweitert)

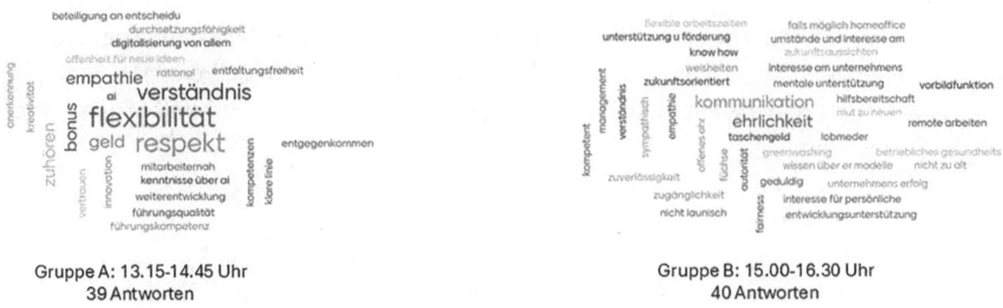

Abb. 3.2 Umfrage unter BWL-Studierenden der Hochschule-Bonn-Rhein-Sieg am 05.05.2025

grund der allgemeinen gesellschaftlichen Entwicklung ergeben. Die Darstellung zeigt jedoch insbesondere, dass zu jeder beliebigen Zeit mehrere Generationen im Arbeitsmarkt aufeinandertreffen, was zu den in diesem Buch beschriebenen Effekten führt.

Anforderungen an zukünftige Führungskräfte Als Dozent liegt es nahe, die aktuelle Generation der Studierenden direkt zu befragen. Genau das hat der Verfasser in seiner Vorlesung „Grundlagen der Daten- und Prozessmodellierung" im zweiten Semester des BWL-Studienganges meiner Hochschule gemacht. Die Veranstaltung ist Teil des Grundlagenmoduls „Grundlagen der Wirtschaftsinformatik" und ein Pflichtfach.

Das vom Dozenten geschätzte durchschnittliche Alter der Anwesenden dürfte bei ca. 19–20 Jahren liegen, also tendenziell Gen „Z".

Die Veranstaltung wurde in zwei Gruppen am gleichen Tag angeboten: Gruppe A: 13.15–14.45 Uhr, Gruppe B: 15.00–16.30 Uhr. Anwesend waren wie üblich ca. 50 der in den Kurs eingetragenen Personen. Dies liegt nicht an der Vorlesung selbst, sondern ist eher „Standard" aktueller Veranstaltungen. Die „Shadow Students" machen heutzutage einen signifikanten Anteil aus. Das mag an guten Vorlesungsskripten oder anderen Gründen liegen, ist aber für Dozentinnen und Dozenten eher unbefriedigend. Spontan hat der Autor am 05.05.2025 beide Gruppen im Anschluss an die Lehrveranstaltung gebeten, ein „Mentimeter" mit der Frage: „Was erwarten Sie von Ihren zukünftigen Führungskräften?" zu beantworten und angekündigt, die Ergebnisse im neuen (diesem) Buch zu zitieren. Die Ergebnisse sind in Abb. 3.2 dokumentiert.

In beiden Gruppen ist erkennbar, das nicht „monetäre", sondern „menschliche Faktoren" überwiegen. Themen wie „Vorbildfunktion", „Respekt", „Ehrlichkeit" überwiegen. Aber auch „klassische" Eigenschaften wie „Führungskompetenz", „Beteiligung an Entscheidungen" werden genannt. Monetäre Aspekte wie „Gehalt", „Dienstwagen" werden eher nicht erwartet.

Die obige Umfrage hat der Verfasser einige Woche später im berufsbegleitenden Masterstudiengang „Innovations- und Informationsmanagement" der Hochschule Bonn-Rhein-Sieg wiederholt. Da diese Studierenden bereits in IT-Berufen (z. B. Business Analyst) berufstätig sind, wurde die Frage leicht abgeändert: „Was erwarten Sie von Ihren Führungskräften?"

Abb. 3.3 Umfrage unter Masterstudierenden der Hochschule Bonn-Rhein-Sieg am 13.06.2025

Im Gegensatz zu den jüngeren, i. d. R. noch nicht berufstätigen Bachelorstudierenden, sind die geäußerten Wünsche der ca. 28–30 Jahre alten Teilnehmer (etwa Gen Y bis Gen Z) schon an konkreten Erfahrungen im Berufsleben orientiert (vgl. Abb. 3.3). Geld, Wertschätzung, Ehrlichkeit und Ehrlichkeit sowie Förderung treten hier deutlich hervor. Auch die anderen Kriterien wie „Freiraum für Entscheidungen", „Einsetzen für Mitarbeiter" oder „Klare Erwartungen" zeigen schon konkrete Wünsche auf.

3.2.4 Bewerbungsgespräche im Wandel der Generationen

Im Rahmen der Recherchen zu diesem Buch führte der Autor einen kurzen Dialog mit Katrin Müller, einer freiberuflich tätigen Personalberaterin (www.kamu-talents.com). Sie hat uns in einem kurzen Statement ihre Erfahrungen aus der Personalberatung zusammengefasst.

Ihre sehr interessanten Erfahrungen aus der Praxis decken sich mit den Erfahrungen, die die Herausgeber bei Bewerbungsgesprächen gemacht haben. Nicht alle Personen sind gleich, aber Tendenzen wie „Umkehrung von Angebot und Nachfrage", „Lockere Kleidung", „Kurzfristige Absagen", „Verzögerte Kommunikation", „Empfindlichkeit bei der Beantwortung von Fragen" sind häufiger anzutreffen als bei früheren Generationen.

Insbesondere ist das Fazit von Frau Müller interessant und sollte im Recruiting, aber auch im Personalmanagement beachtet werden: Wer junge Talente gewinnen will, muss umdenken! Nachfolgend ist der Inhalt einer E-Mail von Katrin Müller an den Verfasser vom 14.05.2025 wiedergegeben. Er spricht für sich selbst.

Bewerbungsgespräche im Wandel der Generationen – von Katrin Müller

- Bewerbungsgespräche haben sich in den letzten Jahrzehnten deutlich verändert, nicht nur im Ablauf, sondern auch in der Haltung, mit der sie geführt werden. Während früher vor allem formelle Kleidung, Hierarchie und harte Fakten im Fokus standen, ist heute entscheidend, ob eine Person wirklich zum Team und zur Unternehmenskultur passt.

- Der Gesprächscharakter hat sich zudem verschoben: Aus dem klassischen Frage-Antwort-Schema ist ein Dialog auf Augenhöhe geworden. Bewerbende wollen verstehen, wie das Unternehmen tickt, wie geführt wird und ob das zu ihren eigenen Werten passt. Das ist keine Einbahnstraße mehr.
- Auch in Sachen Auftreten hat sich viel getan. Was früher ohne Anzug oder Kostüm undenkbar war, ist heute in vielen Branchen mit Sneakern und authentischem Stil völlig legitim, solange klar wird: Die Person hat sich Gedanken gemacht und nimmt das Gespräch ernst. Besonders in Unternehmen, deren Führungsetagen eher konservativ geprägt sind, spielt der äußere Eindruck jedoch weiterhin eine große Rolle.
- Ein Punkt, der sich aus meiner Sicht negativ entwickelt hat, ist die Verbindlichkeit. Rückmeldungen lassen teils lange auf sich warten. Auf beiden Seiten. Auch Kandidat*innen sagen kurzfristig ab oder erscheinen nicht zum Gespräch. Hier braucht es klare Kommunikation und gegenseitigen Respekt.
- Auffällig ist außerdem, dass junge Bewerber*innen deutlich kritischer auf alte, teils grenzüberschreitende Fragen reagieren. Was früher kaum hinterfragt wurde, wie zum Beispiel die Frage „Planen Sie Kinder?“, kann heute zum klaren No-Go werden und sogar zu einem sofortigen Gesprächsabbruch führen. Die Generationen Y und Z legen Wert auf Fairness, Augenhöhe und Transparenz. Heißt, wer sie gewinnen will, muss das Gespräch dementsprechend gestalten.
- Insgesamt zeigt sich: Bewerbungsgespräche sind menschlicher, reflektierter und anspruchsvoller geworden. Führungskräfte müssen heute mehr denn je die Balance zwischen Struktur, Offenheit und generationssensibler Kommunikation finden. Wer junge Talente gewinnen will, muss diese Entwicklung verstehen und Gespräche so führen, dass sie auf Augenhöhe, wertschätzend und zeitgemäß sind.

3.3 Notwendigkeit generationenübergreifender, differenzierter Teams

Stefan Brassel

Sie kennen doch mit Sicherheit den Spruch: „Gleich und gleich gesellt sich gern“ ebenso wie „Gegensätze ziehen sich an“. Was denn nun? Psychologische Forschungen legen nahe, dass wir, zumindest intellektuell gesehen, Andersartigkeit eher vermeiden.[12] Das hat auch damit zu tun, dass wir ähnlich wirkende Individuen eher unserer sozial interaktiven ‚Gruppe‘ zuordnen, was uns ein Gefühl der Sicherheit gibt.[13]

Ein in der Praxis häufig zu beobachtendes Phänomen bei Führungskräften ist, dass sie darauf achten, potenziell intellektuell überlegene Mitarbeitende möglichst ‚klein‘ zu hal-

[12] https://www.psychologie.uzh.ch/de/bereiche/dev/lifespan/erleben/berichte/gleich.html [08.06.2025].

[13] https://www.psychologie.uzh.ch/de/bereiche/dev/lifespan/erleben/berichte/vertrauen.html [08.06.2025].

ten. Denn in diesen wird oftmals nicht das Potenzial für das Unternehmen, sondern eher eine Gefahr für die eigene ‚hart' erarbeitete Position gesehen.

Man muss im Übrigen auch kein erklärter „Feminist" sein, um auf die Idee kommen zu können, das in gewissen Führungsebenen die Förderung von Frauen insbesondere deswegen abgelehnt wird, weil man eine „Störung" der gut eingeübten Sozialinteraktion mit den (überwiegend) männlichen Kollegen fürchtet (der Vollständigkeit halber: Das gilt umgekehrt ebenso).[14]

Aus praktischer Sicht kann man sagen

Wollen Sie als (angehende) Führungskraft den Anforderungen der heutigen Zeit gerecht werden und das Unternehmen, in dem Sie arbeiten, resilient[15] in Bezug auf sich wechselnde exogene Faktoren aufstellen, dann bleibt Ihnen gar keine andere Wahl, als ein grundlegender ‚Kurswechsel' hin zu möglichst differenziert aufgestellten Teams.

Der ausschlaggebende Grund hierfür ist nur allzu offensichtlich. Die Kundenstrukturen von Unternehmen sind differenziert. Menschen, mit denen wir in anderen Unternehmen zusammenarbeiten, entstammen den unterschiedlichsten Kulturkreisen sowie Generationen.

Wollen wir mit Produkten und Dienstleistungen einen möglichst breiten Absatzmarkt adressieren, bedarf es eines Verständnisses der Zielgruppen. Dies werden differenziert aufgestellte Teams eher bewerkstelligen als homogene. So helfen z. B. erfahrene Mitarbeitende, Fehler nicht immer zu wiederholen. Gleichzeitig fordern jüngere Generationen durch ihren Tatendrang heraus, dass man nicht sagt: Das haben wir schon immer so gemacht.[16] Denken Sie immer daran: Die jungen Menschen von heute sind die Kundinnen bzw. Kunden und die Mitarbeitenden von morgen.

Folgendes Beispiel soll dies transparent darstellen: Einer der Herausgeber diskutierte die Auswahl der richtigen Angestellten mit seinem Friseur. Dieser erläuterte ihm, dass es neben der rein ‚handwerklichen' Qualifikation wichtig sei, sich mit den Kundinnen und Kunden über ihre Wünsche austauschen zu können. Mehr noch: Er meinte, dass eine gewisse Empathie für Typen und Persönlichkeiten unerlässlich sei, um in seinem Gewerbe eine zufriedene Kundschaft zu haben. Da verwundert es kaum, dass sein Team sehr differenziert in Bezug auf Alter und Geschlecht aufgestellt ist. Unterschiedliche Typen von Kundinnen und Kunden sollen eben die für sich passenden Ansprechpartner in seinem Team finden.

---

[14] https://www.zu.de/newsroom/daily/2024-12-10-linda-suhm-angelica-marte-gamechanger-maenner-warum-gleichstellung-erst-mit-ihnen-funktioniert.php [08.06.2025].

[15] https://www.duden.de/rechtschreibung/resilient [08.06.2025].

[16] https://www.zeit.de/zeit-wissen/2015/03/gruppen-team-besetzung-homogen-heterogen [29.05.2025].

Im Übrigen sehen Sie diesen Ansatz auch bei der Auswahl der Autorinnen und Autoren der Gastbeiträge. Ein möglichst ausdifferenzierter Blick auf das Thema ‚Führung' erfordert unterschiedlichste Ansätze, Biografien und Erfahrungen. Nur so lässt sich sicherstellen, dass Ihnen als Leserinnen und Lesern möglichst etwas angeboten wird, das Sie an jener Stelle abholt, an der Sie gerade in Ihrer persönlichen Entwicklung als führungsverantwortliche Person stehen.

Darüber hinaus: Es ist der grundlegende Ansatz dieses Buches. Den Herausgebern war es wichtig, die eigenen Erfahrungen und Sichtweisen um viele weitere zu ergänzen und so ein möglichst ausdifferenziertes Werk zum Thema Führung zu schaffen.

3.4 Führungsverständnis: zwischen Ego und Dienstbarkeit

Stefan Brassel

Einer der Autoren las in einem Buch zum Thema Führung: Bevor Sie weiterlesen, sollte Ihnen klar sein, dass Sie vermutlich niemals Führungskraft werden, aus rein statistischen Gründen. Sie wissen schon: wenige Häuptlinge, viele Indianer. Wenn Sie das akzeptieren können, dann lesen Sie weiter (Anmerkung der Autoren: Im Jahr 2017 waren laut Bundesagentur für Arbeit 5 % der Beschäftigten in Deutschland in einer Führungsrolle tätig).[17]

Der Frage, welcher man nun folgerichtig nachgehen müsste, wäre ja, wie wird man denn nun Führungskraft? Nach welchen Kriterien haben Unternehmen in der Vergangenheit entschieden, wer sich für die Übernahme von Führungsverantwortung eignet?

Dieser durchaus komplexen und mit absoluter Bestimmtheit nur schwer zu beantwortender Fragestellung nähern sich die Autoren aus der eigenen Erfahrung heraus. In der Regel dürften Berufseinsteigende die Karriere wohl als Fachkraft starten (ausgenommen hiervon sind natürlich Unternehmensgründerinnen und -gründer, welche sich quasi selbst als geschäftsführende Person einsetzen).

Verantwortliche Führungskräfte beobachten dann optimalerweise, wer die besten Ergebnisse erzielt, sich besonders einsetzt und mit seinem Auftreten die Unternehmenswerte möglichst gut repräsentiert.

Wer darüber hinaus auch noch kommunikativ sowie ‚stressresistent' ist, hat gute Chancen sich für das Thema ‚Führung' zu empfehlen. Sie merken schon, die dargelegten Auswahlkriterien haben eine gewisse ‚Tendenz', bestimmte Gruppen von Arbeitnehmenden, wie z. B. Teilzeitkräfte, strukturell zu benachteiligen. Sie haben schlicht weniger ‚Stage Time'[18] als ihre vollzeitarbeitenden Kolleginnen und Kollegen.

Man könnte an der Stelle also vereinfacht folgendes Beispiel aufzeigen: Der beste Vertriebsmitarbeitende wird Vertriebsleiter (ggf. über den Umweg einer vorherigen Gruppen-

[17] https://statistik.arbeitsagentur.de/DE/Statischer-Content/Grundlagen/Methodik-Qualitaet/Methodenberichte/Beschaeftigungsstatistik/Generische-Publikationen/Methodenbericht-Beschaeftigte-mit-Leitungsfunktion.pdf?__blob=publicationFile [29.05.2025].

[18] https://de.pons.com/übersetzung-2/englisch-deutsch/stage+time#google_vignette [29.05.2025].

leitung), der beste Vertriebsleiter dann zu einem späteren Zeitpunkt Bereichsleiter usw. Hier agieren somit Personen, die sowohl die Anforderungen an ihre jeweiligen Positionen sowie die „innere" Politik des Unternehmens, in dem sie tätig sind, entsprechend meistern.

Dem entgegen stellen wir die Aussage der aktuellen Gallup-Studie 2024, dass sich „nur" 9 % der Beschäftigten in Deutschland „emotional" an ihr Unternehmen gebunden fühlen. Eine besondere Bedeutung kommt dabei dem Thema ‚Führung' zu.[19]

Man könnte nun mutmaßen, dass es vor dem Hintergrund der Mitarbeiterbindung scheinbar nicht immer von Vorteil ist, die fachlich besten Personen in Führungsverantwortung zu bringen.

Warum wird dies dann getan? Im Wesentlichen vermutlich genau deswegen, um diese Personen im Unternehmen zu halten, sowie in der Hoffnung, dass deren Expertise ‚skaliert'. Klingt doch erst einmal paradox. Führungspositionen werden oft mit ‚Anerkennung', also einem Karrierepfad assoziiert. Die Leitungsspanne[20] ist oftmals gleichbedeutend mit Karriere sowie den damit verbundenen ‚Insignien' (höheres Gehalt, Firmenwagen, gekennzeichneter Parkplatz etc.) verknüpft. Diejenigen Anreizsysteme, welche insbesondere das „Ego"[21] der betroffenen Personen bedienen sollen. Zudem man erfolgreichen Fachkräften immer zuschreibt, dass sie ‚teamfähig' sein müssen, i. d. R. die zumeist quantitativen Messmethoden jedoch Einzelleistung bewerten (siehe Beispiel des Vertriebsmitarbeitenden oben).

► **Zusammenfassend könnte man bis zu diesem Punkt also sagen**
Unternehmen stärken das Selbstbewusstsein einzelner Akteure in ihre eigenen Leistungen, indem diese hierfür mit hierarchischem Aufstieg belohnt werden.

Genau an diesem Punkt findet sich die Sollbruchstelle. Diese „neuen" Führungskräfte, ihres Zeichens zumeist ausgewiesene Expertinnen und Experten in ihren Bereichen, werden nun nicht mehr an ihrer Eigenleistung gemessen (die jedoch bisher die Basis ihrer Karriere bildete), sondern am Erfolg der Gruppe von Menschen, für die sie nun verantwortlich sind. Man könnte es also so formulieren: Es erfolgt der Wechsel vom Ego zur Dienstbarkeit.

Folgt man der Argumentation bis zu diesem Punkt, dann wirken die Ergebnisse der Gallup-Studie wenig verwunderlich. Denn dieser Umstand, um mit diesen Voraussetzungen der eigenen Entwicklung nun als Führungskraft erfolgreich zu sein, sogar aktiv daran zu arbeiten, andere fachlich ggf. besser zu machen, als man es selbst ist/war, dürfte

---

[19] https://www.gallup.com/de/472028/bericht-zum-engagement-index-deutschland.aspx [29.05.2025].

[20] https://www.orghandbuch.de/Webs/OHB/DE/OrganisationshandbuchNEU/2_Organisationsmanagement/2_4_Ressourcen/2_4_3_Leitfaden/2_4_3_11_Methoden20der20PBE/2_4_3_11_7_Methodenmix_Ermittlung/Methodenmix_Ermittlung-node.html [29.05.2025].

[21] https://www.spektrum.de/lexikon/philosophie/ego/498 [29.05.2025].

bei vielen Führungsverantwortlichen wohl eine tiefe Verunsicherung bzw. Ängste auslösen. Dies wiederum führt zu einem direkten Zweifel am eigenen Rollenverständnis.

Unterstützt und begleitet ein Unternehmen seine Führungskräfte nicht adäquat, werden viele von ihnen wohl dazu neigen, sich in ihrer Rolle gegenüber den Mitarbeitenden ‚zu positionieren'. Sie verteidigen ihre Stellung als ehemals ‚Fachbester/-beste', anstatt der Erkenntnis zu folgen, dass ihnen zukünftige Anerkennung und somit ein ggf. weiterer Aufstieg nur zuteilwerden wird, wenn sie ihre Mitarbeitenden zu unternehmerischen Erfolgen führen und eben diesen damit bei ihrer persönlichen Entwicklung helfen.

Aus der persönlichen Erfahrung der Autoren heraus eignen sich hierfür am besten sogenannte Mentoring-Programme. Im Rahmen dieser werden Führungskräften erfahrenere Kolleginnen und Kollegen (optimalerweise aus anderen Abteilungen bzw. Bereichen) zur Seite gestellt, um sie auf dem Weg zu begleiten.

Zudem bieten sich sogenannte kollegiale Beratungsrunden unter der Leitung erfahrener Führungskräfte oder externer Trainer an, in deren Rahmen Nachwuchsführungskräfte sich in Bezug auf ihre Erfahrungen (insbesondere Sorgen und Nöte) austauschen können.

Letztlich geht es darum, den Wert der Dienstbarkeit als solche zu erkennen. Die eigenen Erfahrungen zu nutzen, um eine Gruppe von Mitarbeitenden zu entwickeln, anzuleiten und im unternehmerischen Sinne erfolgreicher zu machen, als sie es ohne Führung wären. Entwickelt sich dann ein entsprechendes Vertrauen der Geführten in die (guten) Absichten der Führungskraft und erkennt das jeweilige Individuum die eignen Chancen, welche aus dem ‚Geführtwerden' erwachsen, entsteht daraus eine Perspektive und somit eine Verbundenheit zum Unternehmen.

Abschießend sei an dieser Stelle noch einmal auf Abschn. 3.6 verwiesen. Die „Komplexität" der Führung entsteht insbesondere durch die verschiedenen „Schwerpunkte" der Erwartungshaltung an Führung unterschiedlicher Generationen von Geführten. D. h. der Ansatz ‚one size fits all' ist somit vom Grunde her eher zum Scheitern verurteilt.[22]

3.5 Vertrauen statt Misstrauen (wie man Verantwortung überträgt)

Stefan Brassel

Den vorangehenden Ausführungen ist bereits zu entnehmen, dass man sich dem Thema „Führung" aus sehr unterschiedlichen Blickwinkeln nähern kann. Umso deutlicher wird dies durch die Statements unserer Gastautorinnen und -autoren in Kapitel 4.

Hier wollen wir der Frage nachgehen, welche ‚Grundhaltung' einer Führungskraft in Bezug auf Mitarbeitende von diesen als ‚wertschätzend' wahrgenommen wird.

Diese Frage kann sich jede Leserin und jeder Leser einmal selbst stellen: Was hätte ich mir als Berufseinsteigerin oder Berufseinsteiger als Führungsgrundsatz von meiner zukünftigen Führungskraft gewünscht?

[22] https://dictionary.cambridge.org/dictionary/english/one-size-fits-all#google_vignette [29.05.2025].

Die Autoren beantworten diese Frage hier mit dem Haltungsgrundsatz *‚Schenke Vertrauen und übertrage Verantwortung'.*

Denken Sie darüber nach. Was könnte motivierender wirken, als das Vertrauen einer Führungskraft in die Fähigkeiten eines Mitarbeitenden – oder umgekehrt: Was könnte demotivierender sein, als offen zur Schau gestelltes Misstrauen? Dabei spielt es keine Rolle, ob es sich um Berufseinsteigende handelt oder erfahrene Fachkräfte.

Diese ‚Grundhaltung' ist im Übrigen auch unabhängig von dem eigenen Naturell. Die Autoren haben persönlich die Erfahrung gemacht, dass facettenreiche Persönlichkeiten durchaus das Potenzial haben, die eigene Entwicklung zu fördern, da sie einem die Möglichkeit geben, das eigene Verhalten besser zu reflektieren.

Gemeint ist dabei nicht, die Mitarbeitenden mit ihren Aufgaben und sich daraus ergebenden Problemstellungen ‚alleine' zu lassen. Im Gegenteil: Es ist entscheidend, eine offene Atmosphäre zu schaffen, welche einen konsequenten, konstruktiven und manchmal auch kritischen Dialog fördert. Denn verantwortungsvolles Handeln bedeutet auch, sich der Konsequenzen der eigenen Handlungen in allen Facetten bewusst zu sein.

Nicht zu unterschätzen ist an dieser Stelle das Thema ‚Fehlerkultur'.[23] Für einen offenen und vertrauensvollen Dialog bildet die Wahrnehmung der Fehlerkultur eines Unternehmens die entscheidende Basis. Werden Fehler als Chance zur Verbesserung und Teil der persönlichen Entwicklung gesehen, ermöglicht dies Mitarbeitenden, bestehende Freiräume zu nutzen und diese individuell zu füllen sowie Lösungsansätze ‚angstfrei' zu diskutieren. Eine ‚negative' Fehlerkultur hingegen unterbindet die Nutzung gegebener Freiräume und ist somit indirekt schädlich für die Potenzialausnutzung von Arbeitnehmern sowie deren persönliche Entfaltung. Dabei erscheint der Ansatz doch naheliegend. Jedes Kind fordert im Zuge seiner Entwicklung für sich ein, die Welt zu entdecken und sich ‚ausprobieren' zu dürfen – im steten Vertrauen auf die es umgebenden elterlichen Leitlinien. Dieser Ansatz birgt dabei abseits der Zufriedenheit der Mitarbeitenden noch ein anderes, handfestes und wirtschaftliches Potential: Skalierung.

Was hilft es einer Führungskraft in ihrer jeweiligen Fachdisziplin, einen „divengleichen" Status zu besitzen, wenn sie ihre Mitarbeitenden dabei nur als applaudierendes Publikum begreift, statt diese zu entwickeln und darauf hinzuwirken, dass die eigenen Fähigkeiten von den ‚Zöglingen' übertroffen werden.

Die grundlegende Idee einer Führungskraft sollte doch sein, die Expertinnen und Experten so zu einem Team ‚zusammenzusetzen', dass es dem jeweiligen Unternehmensziel am besten dient. Dies erfordert eine Konzentration auf die eigene Rolle als Führungskraft,

[23] https://www.haufe.de/id/beitrag/offene-fehlerkultur-im-unternehmen-foerdern-HI15524072.html [25.04.2025].

sowohl in Bezug auf die individuelle Entwicklung von Mitarbeitenden als auch mit Blick auf mögliche gruppendynamische Prozesse wie beispielsweise ‚soziales Faulenzen', auch bekannt als sogenannter „Gimpel-Effekt".[24]

Denn in der unternehmerischen Realität ist es durchaus nicht selten zu beobachten, dass die Mitarbeitenden es zu nutzen wissen, wenn der Chef in jede Bresche für sie springt. Ein mit den Autoren befreundeter Vorstand drückte es einmal so aus: Die Mitarbeitenden sollen in der Arena nicht auf der Tribüne sitzen und ihren Chef anfeuern. Dies ist das exakte Gegenteil von Skalierung sowie der garantierte Einstieg der Führungskraft in den Burn-out.[25]

Man könnte sagen, es handelt sich hierbei um ‚invertierte' Führung durch die Mitarbeitenden. Um es klar zu sagen: Es trägt sehr zur Akzeptanz von Führungskräften bei, wenn diese ‚im Feld gedient' haben und verstehen, mit welchen Herausforderungen die Mitarbeiterinnen und Mitarbeiter jeden Tag konfrontiert sind. Im Sinne managender Führung sind sie es jedoch, welche auf der Tribüne sitzen, und sei es nur aufgrund der strategischeren Perspektive.

Man könnte es auch folgendermaßen ausdrücken
Eine Führungskraft könnte sich als Dienstleister (des Unternehmens) verstehen, welcher sich darauf konzentriert, das Potenzial von Mitarbeiterinnen und Mitarbeitern über die Sichtlinie ihrer eigenen Fähigkeiten hinaus weiterzuentwickeln.

An der Stelle muss klar sein, im Sinne der Verantwortung einer Führungskraft gehört es auch dazu, Grenzen zu setzen, Entwicklungspotenziale aufzuzeigen sowie ‚Luftschlösser' als solche zu diskutieren. Entscheidend ist, die Menschen im Sinne ihrer Potenziale zu entwickeln, und diese sind ebenso vielfältig wie individuell. Es mag auf den ersten Blick mühsam sowie zeit- und kräfteraubend erscheinen, Mitarbeitende individuell verstehen und entwickeln zu wollen.

Dabei profitieren Führungsverantwortliche nicht zuletzt auch selbst von diesem Ansatz. Denn sie werden ‚belohnt' mit zufriedenen Arbeitnehmern, erfolgreichen Teams und dem ‚guten' Gefühl, den individuellen Karriereweg sowie die persönliche Entwicklung ihrer Mitarbeitenden ein Stück des Weges zu begleiten. Der Grundsatz „Vertrauen schenken und Verantwortung übertragen" bildet hierfür das optimale Fundament.

Dennoch soll hier zusätzlich auf einen Aspekt eingegangen werden, welcher oftmals von jungen, noch unerfahrenen Führungskräften angesprochen wird. Wie verhält es sich mit dem beschriebenen Grundsatz bei moralisch nichtintegren Mitarbeitenden? Welche bestehende Informationsasymmetrien (aus-)nutzen (z. B. im Homeoffice) bzw. die gewährten Freiheiten missgünstig im Sinne der Selbstoptimierung verstehen.

---

[24] https://wpgs.de/fachtexte/trittbrettfahrer-soziales-faulenzen/ [25.04.2025].

[25] https://www.barmer.de/gesundheit-verstehen/psyche/psychische-erkrankungen/burnout-syndrom-1055946 [25.04.2025].

Aus Sicht der Autoren verhält es sich so, dass eine klare Überzeugung in Bezug auf die Führung von Mitarbeitenden nicht durch das Fehlverhalten einiger weniger Individuen infrage zu stellen ist.

Man müsste andersherum fragen: Was ist die Alternative? Natürliches Misstrauen der Führungskräfte gegenüber Mitarbeitenden? Inhärent ergäbe sich die Notwendigkeit der Kontrolle der Mitarbeitenden und daraus ein ewiges ‚Hase-und-Igel-Rennen' aus Kontrolle und eben der Vermeidung dieser. Noch schlimmer: Solch ein Vorgehen verschiebt den Fokus der Mitarbeitenden weg von der Aufgabe im unternehmerischen Kontext und hin zum optimierten Verhalten im Sinne der Kontrollmechanismen.

Dieses Verhalten von Führungskräften nennt man auch „Mikromanagement". Die negativen Auswirkungen auf die Mitarbeiterzufriedenheit und damit auf die Bindung an das Unternehmen sind hinlänglich bekannt.[26]

Letztlich gilt es, als Führungskraft ‚Grenzüberschreitungen' von Mitarbeitenden als Möglichkeit zum Dialog zu verstehen. Das kann in letzter Konsequenz auch die Aufhebung des Arbeitsverhältnisses bedeuten. Dies versteht sich jedoch als Teil der ‚Führungsklaviatur' und bietet damit in keiner Weise ein Argument gegen eine vertrauensvolle Zusammenarbeit, in deren Rahmen den Mitarbeitenden ein eigener Handlungsrahmen zugestanden wird.

3.6 Von Schafen und Individuen

Stefan Brassel

Sie fragen sich vermutlich, warum Sie in einem Buch zum Thema „Management zwischen Digitalisierung und Generationenkonflikt" ein Kapitel vorfinden, welches eine Tierart (in diesem Fall Schaf) sowie eine Eigenheit „Individualität" zueinander ins Verhältnis setzen möchte. Die zugrundeliegende Überlegung für diesen Ansatz geht auf persönliche Beobachtung der Autoren dieses Werkes in Bezug auf die Vorgehensweisen neuer sowie aber auch erfahrener Führungskräfte zurück.

Die Herleitung ist in keiner Weise despektierlich oder wertend zu verstehen. Es handelt sich lediglich um einen metaphorischen Ansatz.

Schafe (lat. Ovis) gehören zur Gattung der Böcke. Die Stammform des europäischen Hausschafes (lat. Ovis ammon aries) bildet das Mufflon.[27] Aufgrund ihrer vielfältigen Nutzungsmöglichkeiten (wie beispielsweise: Wolle, Milch, Fleisch, Landschaftspflege) zählen Schafe und Ziegen zu den ältesten Nutztieren der Menschheit. Ihre Domestizierung begann vermutlich vor etwa 13. 000 Jahren. Sie werden vor allem für ihre Genügsamkeit und damit einfache Haltung geschätzt.[28] Das Sozialverhalten erlernen die Jungtiere im

[26] https://www.wipub.net/mikromanager-von-angst-zum-misserfolg/ [25.04.2024].

[27] https://www.spektrum.de/lexikon/biologie/schafe/58914 [03.06.2024].

[28] https://www.bmel.de/DE/themen/tiere/nutztiere/schafe-und-ziegen/schafe-und-ziegen.html [03.06.2024].

Herdenverbund. Das weitgehend synchrone Verhalten der Tiere basiert auf dem starken Herdentrieb, welcher bei fast allen Rassen intensiv ausgeprägt ist. Eine Herde ,organisiert sich' in Gruppen und Hierarchien. Herauszustellen sind die sogenannten Leitschafe.[29]

Mit diesem kurzen Steckbrief zur Gattung der ,Schafe' im Hinterkopf wenden wir uns der Definition eines Individuums bzw. individuellen Verhaltens zu.

Als Individuum (lat. Individuus, abgeleitet aus dem griechischen „atomon", was „unteilbar" bedeutet) bezeichnet man allgemein ein „Einzelnes", welches anhand der Einheit der es bestimmenden Merkmale zu erkennen ist. Individualismus bezeichnet die Tendenz, dem Individuum in allen Bereichen Vorrang einzuräumen. In der moralischen ,Diskussion' kann dies auch als Egoismus kritisiert werden.[30] Man könnte also sagen: Die Bedeutung der Individualität liegt in der Ausdifferenzierung gegenüber der Gruppe der Individuen.[31]

Vor dem Hintergrund dieser Gegenüberstellung wird Ihnen die Idee hinter nachfolgendem Satz, welchen die Autoren zahlreichen Führungskräften in Coachinggesprächen mitgegeben haben, klar werden:

► *„Du führst keine Schafsherde, sondern Individuen".*

Die Gründe für die Neigung vieler Führungskräfte, ihre Kolleginnen und Kollegen als ,Herde' zu betrachten und zu behandeln, sind derweil vielschichtig. Dabei gehen wir auf einzelne Punkte, wie das Selbstverständnis von Führungskräften (Abschn. 3.4), in diesem Buch dediziert ein.

Voranstellen könnte man die Fragestellung, warum der individuellen Führung aus Sicht der Autoren eine solche Bedeutung zukommt. Blicken wir hierfür auf die „Ausgangslage" des Buches. Management im Spannungsfeld von Digitalisierung und Generationenkonflikten. Übersetzen wir „Digitalisierung" allgemein mit „Veränderungsprozess", wird die Sache klarer.

Befragen Sie Führungskräfte sowie Mitarbeitende nach ihrer Veränderungsbereitschaft, dann werden Sie wohl sehr häufig mit einer progressiven Selbsteinschätzung konfrontiert werden. Betrachten sie hingegen den Verlauf von „Change-Projekten", gilt dies für die aufsummierte Bereitschaft der betroffenen Individuen i. d. R. nicht mehr. Zu dieser Problemstellung haben sich zahlreiche renommierte Forschende Gedanken gemacht (vgl. z. B. John P. Kotter, emeritierter Professor der Harvard Business School).[32]

Es lohnt an der Stelle jedoch ein kurzer Blick zu den Neurowissenschaften. Genauer gesagt auf die Erkenntnisse von Gerhard Roth (15. August 1942–25. April 2023), welcher

[29] http://www.ign-nutztierhaltung.ch/de/seite/sozialverhalten-und-herdenstruktur [03.06.2024].

[30] https://www.philomag.de/lexikon/individuum [03.06.2024].

[31] https://dorsch.hogrefe.com/stichwort/individuum [03.06.2024].

[32] https://www.interconsilium.de/wp-content/uploads/2020/05/Interview_Kotter_Interconsilium_2016_DE_15.5.2020.pdf [03.06.2025].

ab 1976 als Professor für Verhaltenspsychologie an der Universität Bremen lehrte und insbesondere durch zahlreiche Publikationen bekannt wurde.[33]

Den stärksten Einfluss auf unser Verhalten haben nach Ansicht von Roth jene Teile unseres Gehirns, welche sich am frühesten entwickeln. So bestimmen Hirnregionen, wie der Hypothalamus und Teile der Amygdala, wie wir uns in schwierigen Situationen verhalten. Dies bedeutet für den Umgang mit Veränderungen (welche von unserem Gehirn als ‚schwierige Situation' wahrgenommen werden), dass diese zwar auf der ‚kommunikativen' Ebene akzeptiert werden, aber das tatsächliche Verhalten der Betroffenen steht der kommunizierten Akzeptanz jedoch entgegen. Die Lösung für diesen Umstand sieht Roth in der Individualität von Führung. Es geht darum, sich auf die jeweilige Persönlichkeit der Mitarbeitenden einzustellen und damit auf jene, welche den Veränderungsprozess wirklich tragen müssen. Denn Stressauslöser, Motivation und Demotivation sind persönlichkeitsinhärent (Roth 2019).

Beispiel

Für Veränderungsprozesse bedeutet dies im Sinne der „Führung durch die Veränderung", dass der reine Appell an den Verstand der Betroffenen weder zu Akzeptanz noch Umsetzung führt. Erst die individuelle Wahrnehmung eines belohnenden Gefühls für den eigenen, kreativen Einsatz (und damit Teil des Prozesses zu sein) verspricht Erfolg in der Umsetzung.[34] ◄

Dies gilt nicht nur für Veränderungsprozesse im Allgemeinen, sondern auch für den unterschiedlichen Anspruch verschiedener Generationen von Arbeitnehmerinnen und Arbeitnehmern an den Führungsstil[35] (vgl. Abschn. 3.2.1 und Abschn. 3.2.2).

Legen wir diese Annahme zugrunde, dann drängt sich aus Richtung der zu Führenden eine stärkere Individualisierung des Führungsstiles grade zu auf. Der Gallup Engagement Index 2023 weist explizit auf die Bedeutung der wahrgenommenen Führung hin. Nur 27 % der befragten Personen geben an, dass Führungskräfte ihre Stärken kennen und im Arbeitsalltag wertschätzen.[36]

Dies führt uns wieder zurück zu der eingehenden Fragestellung, warum so viele Führungsverantwortliche einen solchen Ansatz „scheuen". Neben gefühlter „Überforderung" – sei es nun zeitlich oder inhaltlich – spielt auch oft die Abwesenheit der Führung von Führungskräften eine nicht unerhebliche Rolle. An der Stelle sei exemplarisch das Zitat eines Geschäftsführers eines mittelständigen Unternehmens, welches Teil eines

[33] https://www.sueddeutsche.de/wissen/gerhard-roth-hirnforscher-willensfreiheit-nachruf-denker-1.5834446 [03.06.2025].

[34] https://www.bdu.de/fachthemenportal/veraenderungsmanagement/sind-sie-ein-veraenderungsbereiter-mensch-oder-lassen-sie-sich-von-ihrem-gehirn-nur-taeuschen/ [03.06.2024].

[35] https://www.wiwo.de/erfolg/management/fuehrungsdilemma-millennials-als-manager-nun-muessen-sie-vermitteln/28916556.html [03.06.2024].

[36] https://www.gallup.com/de/472028/bericht-zum-engagement-index-deutschland-2023.aspx [03.06.2025].

Konzernverbundes ist, angeführt: „Ich zahle für Führungskräfte, dann muss ich mich auch nicht mit ihnen beschäftigen".

Letztlich liegt das Problem jedoch oftmals in dem mangelnden Verständnis der eigenen Rolle und Verantwortung. Generische ‚Führungsmodelle' verführen meist zu einfachen Ansätzen. Verstehen Sie dies bitte nicht falsch. Führungskräfte benötigen ein gewisses ‚Rüstzeug'. Dazu gehört neben individueller Ausbildung eben auch das Verständnis von Führungs- bzw. Persönlichkeitsmodellen. Diese dürfen jedoch stets nur als ‚Leitlinien' verstanden werden. Insbesondere mit Blick auf die jüngeren Generationen nimmt die individuelle Ausgestaltung des Führungsverhaltens an Bedeutung zu.

Zudem dem individuellen Führungsverhalten eine große „Chance" innewohnt. Fühlen sich Mitarbeitende wertgeschätzt und persönlich ‚abgeholt', entsteht eine gute Basis für Feedback sowie das Verständnis für gemeinsame unternehmerische Richtungsvorgaben. Ein Beispiel für die falsche Einschätzung der Bedeutung von individueller Führung vieler Verantwortlicher liegt in dem in der Praxis oftmals unterschätzen Gewicht der Wahrnehmung der Führungskraft durch die Mitarbeitenden. Individuen müssen auch individuell angesprochen werden (z. B. 1:1-Gespräche anstelle von Gruppenkommunikation). Damit sich die Mitarbeitenden ernst genommen fühlen, ist es wichtig, sich über die Inhalte der Gespräche im Klaren zu sein sowie individuelle Vereinbarungen im Blick zu halten. Nicht zu unterschätzen ist der Umgang mit „spontanen" Gesprächen zwischen Führungskräften und Mitarbeitenden. Sei dies beim Mittagessen, an der Kaffeemaschine oder der berühmte „Elevator Pitch".[37]

Die Führungskräfte haben insbesondere in solchen spontanen Situationen die Chance, den Mitarbeitenden ein individuelles Gefühl der Wahrnehmung und Wertschätzung zu vermitteln. Nur dafür müssen sie diese eben auch als Individuen wahrnehmen, mit denen es sich zu beschäftigen lohnt, anstelle sie als Teil eines Kollektivs zu verorten.

3.7 Vergütungsmodelle im Generationenwechsel

3.7.1 Vergütungsmodelle von gestern

Andreas Gadatsch

Die Vergütungsmodelle für Fach- und Führungskräfte sowie die Präferenzen für Benefits zusätzlich zur finanziellen Entlohnung haben sich im Laufe der Jahre geändert.

Beruflich Karriere zu machen, bedeutete in der Regel, mehr personelle Verantwortung zu übernehmen, und damit war auch deutlich mehr Gehalt verbunden. Über das eigene Gehalt offen zu reden, war i. d. R. nicht erlaubt oder zumindest nicht erwünscht und damit eher nicht üblich.

[37] https://www.wissenschaftskommunikation.de/format/elevator-pitch/ [03.06.2024].

Die Vergütungsmodelle größerer Unternehmen waren komplex und wurden oft mit den wirtschaftlichen Zielen der Balanced Scorecard verbunden, die in dieser Zeit als Instrument der Unternehmensführung sehr verbreitet war.

Variable Gehaltsbestandteile wurden in aufwändigen Rechenmodellen (Unternehmenserfolg, Gesamtperformance, individuelle Performance, Zielerreichung) ermittelt, waren aber nicht wirklich transparent und führten in vielen Fällen zu einseitigen Anstrengungen (Ziele erreichen, auch wenn sie überholt waren).

Rein fachliche Karrieren ohne personelle Verantwortung führten nicht in hohe bzw. höchste Gehaltsregionen, was dazu geführt hat, dass Personen mit sehr guten fachlichen Skills (z. B. IT-Spezialisten) in Führungspositionen gedrängt wurden, für die sie nur bedingt geeignet waren. So wurden Begriffe wie der „Programmierende Projektleiter" geprägt, was bedeutete, dass jemand, der gut programmieren konnte, zum Projektleiter befördert wurde und dann doch weiter programmiert hat.

Gut sichtbare Benefits waren Teil der Karriere. Sie nicht in Anspruch zu nehmen, führte dazu, dass die Karriere vom Umfeld nicht wahrgenommen wurde. Beliebte Benefits waren z. B. ein größeres (Eck-)Büro mit Gardinen, ein persönliches Sekretariat (auch wenn man selbst in der Lage war, Termine zu machen, Emails zu beantworten, Flüge zu buchen etc.) und natürlich ein repräsentativer Dienstwagen samt Tankkarte, der auch privat genutzt werden konnte.

Dem Verfasser sind drei interessante Beispiele in Bezug auf Dienstwagen bekannt, welche die damalige Ordnung in Frage stellten. „Person 1" hatte eine große Familie mit vielen Kindern und wollte lieber einen „VW-Bus" anstelle der üblichen „BWM 5er" als Dienstwagen fahren. „Person 2" fuhr lieber mit der Straßenbahn zur Arbeit, seinen Dienstwagen konnte die Ehefrau nutzen. „Person 2" lehnte den dienstlichen „BWW 5er" ab und fuhr lieber seinen privaten „BMW 7er" auch für dienstliche Zwecke. Der größere „7er" war für seine Hierarchieebene nicht freigegeben.

3.7.2 Vergütungsmodelle für morgen

Stefan Brassel

Zu Beginn sei erwähnt, dass im Folgenden kein Diskurs zur „Entlohnungsgerechtigkeit" geführt werden soll. Wir betrachten also weder Fragestellungen wie den Mindestlohn[38] noch zur Lohnlücke zwischen den Geschlechtern[39] oder grundlegenden Systemfragen.

---

[38] https://www.destatis.de/DE/Themen/Arbeit/Verdienste/Mindestloehne/Tabellen/gesetzlicher-mindestlohn.html [22.06.2025].

[39] https://www.bmfsfj.de/bmfsfj/themen/gleichstellung/frauen-und-arbeitswelt/lohngerechtigkeit [22.06.2025].

Warum? Aus Sicht der Autoren sind dies Themen des „gesellschaftlichen Aushandlungsprozesses", auf die es keine „einfachen Antworten" gibt.

Wir blicken auf das Thema Vergütung, aus der Perspektive von Unternehmerinnen und Unternehmern. Löhne sowie Gehälter sind Kosten, das ist unstrittig. Liegt deren Entwicklung jedoch unterhalb der Produktivitätsentwicklung, gibt es kurzfristig erst einmal keinen Handlungsbedarf.[40]

Dennoch betrachten Unternehmen ihre Kostensituation stets aufmerksam und kritisch. Sachgemäß spielen Lohn- und Gehaltskosten dabei keine unerhebliche Rolle.[41]

Das liegt an den komplexen Einflussfaktoren einer globalisierten Wirtschaft und deren Einfluss auf wertschöpfende Prozesse.[42]

Im Kontext von ‚Führung' steht neben dem ‚reinen' Kostenblick auch ein anderer Punkt im Vordergrund. Die Gehaltsmodelle müssen grundsätzlich so gestaltet sein, dass sie den besten und talentiertesten Personen attraktiv erscheinen. Damit wird klar, warum wir im unternehmerischen Kontext die zu Beginn des Kapitels erwähnten Fragestellungen nicht dediziert betrachten werden müssen. Sprechen wir von „Fachkräftemangel", werden eben diese Personen den Tausch „Zeit und Einsatzwillen" gegen Vergütung dort vornehmen, wo er ihnen zumindest am „gerechtesten" erscheint. Ergänzend sei erwähnt, dass sich hierdurch ein anderes erhebliches gesellschaftliches Problem zeigt. Wer aufgrund von Ausbildungsstand und/oder gegebener Parameter nicht als „Fachkraft" wahrgenommen wird, muss nehmen, „was übrig" bleibt. Was folglich im Zweifel zu prekären Arbeitsverhältnissen führen kann.

► *Einer Illusion sollten Sie aber nicht erliegen. Dass Vergütungsmodelle ein Allheilmittel in der Mitarbeiterbindung darstellen.*

Vergütung ist ein ‚Hygienefaktor'[43] (vgl. auch: von Herzberg, Die Zwei-Faktoren-Theorie).[44] Sonst käme es wohl auch nicht zu der von Gallup festgestellten Unzufriedenheit in Bezug auf das Thema Führung als häufigsten Grund für mangelnde Loyalität zum Unternehmen.

Umgekehrt gilt aber auch: Gehälter/Löhne sind ‚nur' ein Hygienefaktor, solange sie als „gerecht" empfunden werden. Sowohl absolut als auch modelltheoretisch.

---

[40] https://www.destatis.de/DE/Themen/Wirtschaft/Volkswirtschaftliche-Gesamtrechnungen-Inlandsprodukt/Methoden/verteilungsspielraum.html [22.06.2025].

[41] https://www.destatis.de/DE/Themen/Arbeit/Arbeitskosten-Lohnnebenkosten/_inhalt.html [22.06.2025].

[42] https://www.fes.de/wissen/deglobalisierung [22.06.2025].

[43] https://www.deutsche-handwerks-zeitung.de/mitarbeitermotivation-was-mitarbeiter-motiviert-166045/ [22.06.2025].

[44] https://wirtschaftslexikon.gabler.de/definition/zweifaktorentheorie-48072 [22.06.2025].

Wie hängt dies nun alles zusammen? Aus der Erfahrung der Autoren heraus ist es eine der wichtigsten Aufgaben von Führungskräften, denn sie sprechen für das Unternehmen, Vergütung so zu gestalten, dass sie dem Unternehmen erlauben, wettbewerbsfähig zu sein. Das bedeutet sowohl, dass Gehälter in einem gesunden Verhältnis zur Produktivität der erbrachten Arbeitsleistungen stehen müssen, als auch, dass deren Aufbau als transparent, leistungsorientiert und gerecht wahrgenommen werden sollte.

Was bedeutet dies nun für Vergütungsmodelle? Entscheidend für Führungskräfte ist der Dialog. Unterschiedliche ‚Rollen' bedingen differenzierte Vergütungsmodellschichten aufgrund verschiedenster Anforderungen in Bezug auf das Ausbildungsniveau, Einsatz sowie die zu tragende Verantwortung. Im Sinne der Individualität ist es entscheidend, die richtigen Menschen mit den für sie passenden Rollen und damit verbundenen Vergütungsmodellen zusammen zu bringen.

Um es konkreter auszudrücken. Menschen mit einem hohen Sicherheits- sowie Harmoniebedürfnis werden sich in vertrieblich orientierten Berufen mit variablen Vergütungsmodellen wohl eher selten wohlfühlen.

Vergütung ist untrennbar mit „Rollen" verbunden. Unternehmen tun somit gut daran, zum einen den Wirkungsgrad von Rollen möglichst transparent zu machen, zum anderen Aufstiegswege innerhalb dieser zu entwickeln (z. B. Fach-, statt Führungskarriere). Hiermit vermeiden sie (um bei unserem Beispiel aus Abschn. 3.4 zu bleiben), wenig empathische Vertriebsmitarbeitende nur deswegen in eine Führungsrolle zu bringen, damit sie sich auf dem Karrierepfad weiterentwickeln können.

Letztlich geht es nicht um ‚Modelle', sondern um Transparenz. Führungskräfte müssen Mitarbeitende in der Entwicklung unterstützen, um herauszufinden, welche Rollen wirklich zu ihnen passen und damit einhergehend transparente Gehaltsmodelle zu schaffen.

Denn nicht jeder Arbeitnehmer möchte 50 h und mehr in der Woche arbeiten. Zur Wahrheit gehört auch, dass Mehreinsatz und das Tragen von Verantwortung i. d. R. höher vergütet werden als die persönliche Präferenz für mehr Freizeit und klar abgegrenzte Arbeitszeiten sowie Verantwortungsräume.

Im Sinne nachhaltigen Wirtschaftens müssen Führungskräfte auch vermitteln, dass Mitarbeitende die Produktivitätsverantwortung nicht einseitig und abstrakt auf das Unternehmen verlagern dürfen – bei gleichzeitig immer weiter steigenden Gehalts- oder Lohnforderungen. Denn maßgeblich für den Erfolg des Unternehmens sind seine Mitarbeitenden und deren Haltung z. B. den Kunden des Unternehmens gegenüber.

Letztlich kann man sagen: Je mehr Unternehmertum von Mitarbeitenden erwartet wird, desto eher fordern diese eine adäquate Vergütung sowie Transparenz mit Blick auf die zu schulternde Verantwortung ein. Denn der klar anhaltende „Trend" zur Arbeit im öffentlichen Dienst mit seinen Arbeitszeitmodellen und Vergütungstabellen, zeigt einen ‚Bedarf' auf Seiten der Arbeitnehmer in Bezug auf Transparenz und Sicherheit auf.[45]

---

[45] https://www.destatis.de/DE/Themen/Staat/Oeffentlicher-Dienst/_inhalt.html [22.06.2025]

► *In Unternehmen geht es weniger um das Vergütungsmodell, sondern um das Gefühl, dass sich individuelle Leistung lohnt. Zudem müssen Führungskräfte ein Stück weit die Rolle des „Navigators" für die Karriere der ihnen Schutzbefohlenen einnehmen.*

Die so vermittelte Wertschätzung werden Unternehmen in steigender Mitarbeiterbindung messen können.

Zusammenfassend lässt sich festhalten, dass Gehaltsmodelle und unterschiedliche Rollen in Unternehmen untrennbar miteinander verbunden sind. Darum gibt es an dieser Stelle auch keine Empfehlung für ein generelles, zukünftiges Gehaltsmodell. Vielmehr geht es um Transparenz (und damit ‚gefühlte' Fairness) sowie das individuelle Verständnis, dass Führungskräfte Verantwortung auch für die Gehaltsentwicklung ihrer Mitarbeitenden einnehmen. Dabei kann es schon helfen, dass Thema ‚Gehaltsentwicklung' zu einem aktiven Teil der Entwicklungsgespräche zu machen, statt als Führungskraft darauf zu warten, dass sich eine Mitarbeiterin oder ein Mitarbeiter zu dem Thema äußert. Denn dann ist es häufig schon zu spät.

4 Perspektiven aus der Praxis (Gastbeiträge)

Wir haben mehrere uns persönlich bekannte Persönlichkeiten aus verschiedenen Sektoren der Praxis gebeten, uns ihre persönlichen Erfahrungen und Einschätzungen mitzuteilen. Folgende Aspekte sollten hierbei in aller Kürze betrachtet werden:

- Eigene Erfahrungen (Was fällt als erstes ein?)
- Was lief gut, was lief nicht gut?
- Was ist der Rat an die neue Generation von Führungskräften?
- Bedeutung der Digitalisierung
- Ideen für die Zukunft
- Ein paar witzige Anekdoten (optional)

4.1 Axel Feldhoff, Ex-Bereichsvorstand, Bechtle AG

Führungsqualität als Herausforderung und Lösungsbeitrag

Als ich im letzten Jahr angesprochen wurde, doch bitte als „erfahrener Manager und Vorstand“ zu dem Thema dieses Buches einen Beitrag aus der Praxis zu schreiben, fühlte ich mich nicht nur geehrt, sondern war auch sofort begeistert über die Idee dieses Buches.

Dieses Spannungsfeld, über das bereits seit Jahren diskutiert, analysiert, prognostiziert, aber oft auch nur standardisiert, ideologisiert und lamentiert wird, bedarf dringend einer empirisch unterfütterten Handlungsempfehlung an die Protagonisten dieses Prozesses, die Führungskräfte unserer Unternehmen und Institutionen. Betonen möchte ich natürlich schon an dieser Stelle, dass meine Erkenntnisse zu diesem Thema zwar intensiv, aber nicht im strengen Sinne repräsentativ sind.

A. Gadatsch, S. Brassel, *Management zwischen Digitalisierung und Generationenkonflikt*, https://doi.org/10.1007/978-3-658-51035-0_4

Bevor ich aber mit meinen Erfahrungen hierzu meinen Beitrag liefern möchte, nachfolgend ein paar wenige Worte zu meinem beruflichen Werdegang und damit zu meiner Expertise zu diesem Thema.

Nachdem ich mein BWL-Studium, das ich mit der Arbeit als Projektleiter eines Markt- und Sozialforschungsinstituts immer wieder an der Realität messen konnte, beendet hatte, landete ich 1986 als Trainee in der IT-Industrie. Ein Umstand, der sich, während meines – im positiven Sinne – bewegten Berufslebens als die Konstante herausstellen sollte.

Recht früh durfte ich im Jahr 1988 schon meine erste Führungsaufgabe übernehmen, die dann 1996 in eine Geschäftsführungsverantwortung mündete. Seit 1999 bin ich in verschiedenen IT-Firmen als Vorstand tätig und berate und coache seit dem Ende meiner Vorstandstätigkeit im Jahr 2023, Unternehmen und Führungskräfte im Rahmen von Transformations-, Integrations- und Leadershipprozessen.

Konzentrieren möchte ich mich im Folgenden auf den Aspekt der Führungsarbeit, dem in diesem Spannungsfeld eine zentrale Rolle zuwächst. Um dem Leser eine Struktur in meinen Erfahrungen und Erkenntnissen anzubieten, möchte ich daher auf die drei Kernaspekte Führungskraft, Mitarbeiter und Spannungsfeld jeweils separat eingehen und zum Schluss hierzu meine persönlichen Handlungsempfehlungen zur eigenen Bewertung und ggf. Umsetzung anbieten.

4.1.1 Führungskraft

Da steht sie nun, die Führungskraft, im Epizentrum auch dieses Spannungsfeldes und muss Lösungen finden, anbieten und umsetzen. Konfrontiert mit den Ergebnissen der Gallup-Studie im Vorwort dieses Buches steigt dann auch noch der Druck, endlich etwas zu tun, denn jeder weiß ja, dass: „Mitarbeiter zu Unternehmen kommen, aber, wenn sie wieder gehen, in erster Linie ihre Chefs verlassen." Na, motiviert? Viele junge Menschen übrigens nicht mehr, dazu später aber mehr.

Dieser Einstieg drängt natürlich die Frage auf: Wie wird oder wurde man eigentlich bisher Führungskraft in Deutschland und was für einen Werkzeugkoffer hat man bei der Ernennung erhalten, um diese Aufgabe kompetent anzugehen?

Nach meinem Erleben war das bis hinein in die 1980er-, ja sogar 1990er-Jahre relativ einfach.

Karriere machen hieß in Deutschland häufig, irgendwann auch Personalverantwortung übernehmen zu müssen, weil das sonst finanziell nicht mehr argumentiert werden konnte bzw. umsetzbar war. Oft wurde deshalb die beste Fachkraft zum Chef. Führung war somit keine neue, eigenständige Aufgabe mit anderen Schwerpunkten, sondern der bloße „Kollateralschaden" der Karriere.

Führungskompetenzen waren entweder aus dem privaten Umfeld vorhanden (Sportverein, Elternvertreter in der Schule, ehrenamtliche Tätigkeiten etc.) oder wurden nur rudimentär in oft freiwilligen Weiterbildungsprogrammen der Unternehmen angeboten.

„Leadershipprogramme" die im angloamerikanischen Raum immer mehr Einzug fanden, waren, zumindest damals, in Deutschland selten. Hier war der Chef noch eher der „fachkompetente Vorarbeiter" und vielen Mitarbeitern hat das sogar gereicht, denn dies eröffnete ihnen ja die gleiche Perspektive.

Spaß machen musste Arbeit übrigens auch nicht unbedingt, dafür war ja die Freizeit da. Die Arbeit musste lediglich das Geld für Status und Wohlstand liefern.

Komplexe „Work-Life-Balance"-Diskussionen und -Konzepte wären wahrscheinlich mit einem verständnislosen Kopfschütteln quittiert worden. Den Gewerkschaften ging es zwar auch damals schon um Arbeitszeitverkürzung, Ausgangspunkt war aber eine 48 Stundenwoche verteilt auf 6 Tage. Und plakative Slogans wie „Samstag gehört Vati mir" fanden relativ viele Väter nicht so attraktiv, wie Überstunden für den persönlichen Wohlstand zu machen.

Spätestens nach dem Jahrtausendwechsel änderte sich langsam, aber sicher deutlich mehr. Es wurde in vielen Unternehmen die Fachkarriere ohne Personalverantwortung eingeführt, um auch der Führung von Mitarbeitern einen höheren Stellenwert zuzuschreiben. Leadershipprogramme wurden übernommen und weiterentwickelt. Bei der Auswahl von Führungskräften wurde ihre Führungskompetenz als Kriterium immer deutlicher bewertet und zur Entscheidung maßgeblich herangezogen. Fortan war es ja auch kein Ausschlusskriterium mehr für eine weitere Fachkarriere.

Diese nun jüngeren Führungskräfte, deren Führungskompetenz in Richtung Mitarbeiter immer besser wirkte, produzierte in Richtung ihrer „Altvorderen" jetzt aber oft Konflikte, denn diese waren und sind zu einem großen Teil ja noch mit einem anderen „Mindset" im Amt.

Die Idee von Firmen- und Wertekulturen begann sich zu entwickeln und dies war auch essenziell wichtig, denn der Fachkräftemarkt veränderte sich längst. Unternehmen mussten sich jetzt bei ihren Mitarbeitern bewerben und mehr bieten als nur einen durchschnittlich bezahlten Arbeitsplatz.

Unternehmen wurden über Mittel des „Employer Branding" zu Marken mit Markenversprechen, die aber nach Einstellung auch eingelöst bzw. eingehalten werden mussten. Und wenn sich dies dann später als „Mogelpackung" herausstellte, war der Mitarbeiter auch schnell wieder weg.

Über die Zeit ist somit aus einer „zwangsläufigen Karrierezugabe" eine eigene hoch verantwortungsvolle Aufgabe geworden, die man ausfüllen muss und ausführen will.

Ich glaube an dieser Stelle wird auch deutlich, warum viele junge Menschen heute häufiger Führungsverantwortung ablehnen. Sie erleben aufgrund ihres eigenen Anspruchs an Führung die Realisierungsdefizite in ihrem Unternehmen und fühlen sich nicht in der Lage oder willens, sich täglich mit diesem Spannungsfeld auseinanderzusetzen.

4.1.2 Mitarbeiter

Lassen Sie uns zum Thema Mitarbeiter doch einfach die gleiche Zeitreise wie zum Thema Führungskraft machen, denn das macht vieles deutlicher.

Beginnend in den ausgehenden 1970er-Jahren gehörte die Arbeitslosigkeit in Deutschland zu den größten sozialen Problemen. 20+ Bewerbungen auf einen Arbeitsplatz waren

z. B. für fertige Akademiker eine quälende Normalität. Unternehmen konnten „Rosinen picken" und ihre bloße Existenz reichte schon aus, für zukünftige Mitarbeiter attraktiv zu sein.

Einen Arbeitsplatz und damit ein Einkommen zu haben, war wichtiger als die konkreten Details der Ausgestaltung. Mobilität und die Bereitschaft zum Umzug, oft auch in eine andere Stadt wurden vorausgesetzt, denn der nächste Bewerber mit guten Abschlüssen saß ja schon im Wartebereich.

Ansprüche an den Führungsstil wurden selten formuliert und wie bereits beschrieben waren Begriffe wie „Work-Life-Balance" oder gar deren Ausgestaltung noch gar nicht existent. Da ging es maximal um Weihnachts-/Urlaubsgeld und Urlaubstage.

Individualität wurde in Bewerbungsgesprächen zwar hier und da mit den Worten „Wir brauchen mal wieder frische Ideen" eingefordert, aber im operativen Alltag erklärte dann der „fachkompetente Vorarbeiter" recht schnell, wie hier gearbeitet wird.

Nun ja, da Lehrjahre keine Herrenjahre sind, wurde das oft akzeptiert, denn Leben und Freizeit waren ja jetzt finanziert. Auch wenn das natürlich überspitzt formuliert ist und Ausnahmen auch damals schon die Regel bestätigten, spiegelt das eine Grundstimmung wider, die zeigt, warum ausgeprägte Führungskompetenz damals gar nicht so dringend im Angebot sein musste.

Mit der immer komplexer werdenden Arbeitswelt, insbesondere getrieben durch die Computerisierung und dann ausweitend durch die Digitalisierung, wurde es auf Mitarbeiterebene immer wichtiger, „operative Generalisten" zu „hochspezialisierten Individualisten" weiterzuentwickeln bzw. um solche externen Mitarbeiter zu ergänzen.

Bei diesen Menschen entwickelte sich dann sehr schnell, und wie ich meine, zurecht, ein völlig anderes Selbstbewusstsein. Sie kennen ihren Wert für das Unternehmen und erwarten entsprechend offensiv auch Wertschätzung für ihre Leistungsfähigkeit und ihren Einsatz. Das betrifft natürlich auch ihren Gehaltswunsch, aber das hat aus meiner persönlichen Erfahrung nicht die höchste Priorität.

Diese Menschen brauchen Freiraum, aber auch Leitplanken. Die Frage: „Was mache ich hier eigentlich und warum? Und wie passt das in das große unternehmerische Ganze?" muss mit ihnen offen und ehrlich geführt werden. Sie brauchen das Gefühl, „Mitgestalter" und nicht nur „Zulieferer" zu sein.

Die Beantwortung dieser Fragen macht sie auch teamfähig, lässt sie Verantwortung übernehmen und erhöht den Spaß an der Arbeit.

Ups, Spaß an der Arbeit? War das nicht bisher nur eine Erlebniskomponente der Freizeit? Ja, es war, denn heute liefert das Elternhaus oft einen gewissen „Grundwohlstand", der die Prioritäten verschoben hat. Sinn der Arbeit ist es nicht mehr, hauptsächlich die Freizeit zu finanzieren, sondern sie muss immer mehr aus sich heraus Sinn stiften.

Ist das, was wir hier tun, nachhaltig, umweltfreundlich, fair gehandelt, generationengerecht, sozial verträglich etc. … sind Fragen, mit denen heute Führungskräfte permanent konfrontiert werden.

Die entsprechenden Antworten müssen auch ehrlich und nachvollziehbar sein und sich auch in der Unternehmenskultur bis hin zur individuellen Arbeitsplatzgestaltung wiederfinden.

Und seitdem, aber spätestens seit Corona, das Homeoffice integraler Bestandteil der Arbeitswelt geworden ist, ist endgültig aus der bipolaren Arbeit-Freizeit-Welt eine komplexe Work-Life-Balance-Situation geworden, die filigran gemanagt werden will.

4.1.3 Spannungsfeld

Vereinfacht gesprochen sind also aus oft hierarchisch organisierten Unternehmen, die früher jungen Menschen Einstiegsoptionen für die Begehung einer eindimensionalen Karriereleiter geboten haben, heute komplexe, soziale und oft teamorientierte Organisationen geworden, die mit wertschätzenden und aufmerksamen Leadershipkonzepten um Mitarbeiter werben müssen.

Wenn sich also eine Führungskraft alter Prägung heute über das fehlende Engagement und mäßigen Fleiß junger Menschen echauffiert, dann kann dies auch an einer nicht mehr ausreichenden Führungskompetenz dieser Person liegen, die leider nicht weiterentwickelt wurde.

Das heißt aber eben nicht, dass moderne erfolgreiche Unternehmen zu reinen Wohlfühloasen degeneriert sind, in denen sich Führungskräfte aus Angst vor Fluktuation nur noch um das Wohl der Mitarbeiter zu kümmern haben.

Wirtschaftlicher Erfolg ist nach wie vor Hauptziel von Unternehmen und stellt erst Arbeitsplatzsicherheit und gute Gehälter sicher.

In immer komplexer werdenden Arbeitsumgebungen sind qualifizierte Mitarbeiter ein Engpassfaktor geworden. Um alle Potentiale dieser Mitarbeiter zu nutzen, muss Führung darauf achten, diese Menschen richtig einzuschätzen, sie gemäß ihren Fähigkeiten richtig einzusetzen und wertschätzend, aber auch leistungsorientiert in Teams arbeitsfähig zu machen, damit der Erfolg nicht nur dem Unternehmen hilft, sondern auch Sinn und Spaß für die Mitarbeiter spendet.

Passt das nicht, muss natürlich auch zukünftig über eine Trennung nachgedacht werden. Dies bitte aber auch offen, ehrlich und sauber.

Führung bzw. Leadership ist also von einem „Randphänomen der Karriere" zu einer vollwertigen, hochkomplexen und hochverantwortungsvollen Aufgabe gewachsen, die kontinuierlich aus- und weitergebildet werden muss. Operative Fachkompetenz reicht hierfür nicht mehr aus.

An einem Beispiel verdeutlicht heißt das: Ein Fußballtrainer muss weder Tore schießen noch Bälle halten können. Er muss auch nicht die Kondition und Schnelligkeit für 90+ Minuten Spielzeit haben. Er muss aber seine Spieler kennen, sie in Sturm, Mittelfeld und Verteidigung einteilen können. Er muss für eine Spielkultur sorgen, die allen Spaß macht und sie im Verein hält. Und last but not least, er muss erfolgreich sein und mit seinem Team gewinnen wollen und auch gewinnen.

Die Bewältigung dieses Spannungsfeldes muss ausbildungstechnisch und eng, z. B. durch Coaching, begleitet werden, dann sind diese Spannungen auch nicht beängstigend, sondern einfach nur spannend. Wird dann gute Führung auch noch gebührend gewürdigt, dann sind auch junge Menschen wieder stärker für Führungsaufgaben offener, denn es ist dann keine „nervige administrative Zusatzverantwortung", sondern eine kreative neue Aufgabe.

4.1.4 Handlungsempfehlungen

Wie eingehend versprochen, möchte ich Ihnen – als bereits agierende oder zukünftige Führungskraft – ein paar Empfehlungen aus meiner eigenen Führungsarbeit an die Hand geben, die ich selbst als besonders effizient erlebt habe.

Üben Sie das Zuhören
Ihre Aufgabe ist nicht, „allein und einsam" Entscheidungen zu entwickeln. Ihre Mitarbeiter sind Ihr „Brainpool", ihre Ideen und Anregungen sind wertvoll für die Entscheidungsfindung. Zuhören macht Sie also schlauer, gibt den Mitarbeitern das ehrliche Gefühl, eingebunden und Teil der Lösung zu sein, und macht Sie effizienter und schneller in Ihren Entscheidungen, die Sie ja treffen müssen.

Stellen Sie Mitarbeiter ein, die „klüger" sind als Sie
Die Komplexität der Welt wird weiterhin zunehmen und es wird immer unmöglicher, alles zu wissen und zu verstehen. Sie brauchen also keine „Zuarbeiter", die ausschließlich von Ihrem Wissen profitieren und abhängig sind, sondern souveräne Mitarbeiter, die Sie gemäß Ihren Fähigkeiten einsetzen und orchestrieren müssen. Es kommt also nicht nur auf Ihr Wissen an, sondern auf das Gesamtwissen Ihres Verantwortungsbereiches.

Geben Sie Ihren Mitarbeitern Handlungsfreiräume und seien Sie fehlertolerant
Wichtig für den Erfolg sind zu erzielende Ergebnisse. Immer häufiger wird es dafür neue und innovative Wege geben müssen. Ihre klugen Mitarbeiter haben diese Fähigkeit und es wäre dumm, diese nicht zu nutzen. Setzen Sie also nur Leitplanken und machen somit den möglichen Lösungsweg so breit wie möglich. Erlauben Sie Fehler, aber sorgen Sie gleichzeitig für eine offene und ehrliche Kommunikation, um gemachte Fehler auch schnell wieder beseitigen zu können.

Machen Sie sich „operativ überflüssig"
Für das operative Funktionieren Ihres Verantwortungsbereiches sind die klug ausgewählten Mitarbeiter verantwortlich. Ihre Aufgabe ist es, daraus ein gut funktionierendes Team zu formieren, auf das Sie sich verlassen können. Operativ sind Sie nur noch gefragt, wenn es zu außergewöhnlichen Eskalationen jenseits der gesetzten Leitplanken kommen sollte. Sie brauchen und haben – wenn Sie die Leitplanken mutig setzen – Zeit für Führung und Strategie.

Ehrliche Wertschätzung ist der Treibstoff des Systems
Seien und bleiben Sie aufmerksam für das Engagement und die Leistungserbringung Ihrer Mitarbeiter. Hier geht es nicht um das „tägliche Lob für Banalitäten", das würden Sie auch selbst nicht erleben wollen, sondern das Feiern guter Ideen und Ergebnisse. Werten Sie Fehler nicht a priori als Misserfolge, sondern nehmen diese zum Anlass, die Fehlerentstehung im Team zu analysieren, um eine zukünftige Wiederholung zu vermeiden.

4.2 Peter Gerstmann, Ex-CEO, Zeppelin GmbH

4.2.1 Wandel von traditionellen Wertesystemen zu einer werteorientierten, agilen Führung

Der Zeppelin Konzern ist ein weltweit agierendes Handels- und Dienstleistungsunternehmen für hochwertige Investitionsgüter, vornehmlich im Bereich der Bauindustrie. Mit über 10.000 Mitarbeitenden erwirtschaftet der Konzern ca. 4 Mrd. € Umsatz.

Basierend auf dem Bau von Luftschiffen des Grafen Zeppelin (Ferdinand Graf von Zeppelin) hat sich das Unternehmen nach dem 2. Weltkrieg – aufbauend auf Fähigkeit und Können der Mitarbeitenden in der Metallverarbeitung sowie der Wartung komplexer Maschinen – erfolgreich (im Bereich) in der Investitionsgüterindustrie positioniert.

Vor über 15 Jahren wurde für den Zeppelin Konzern ein neues verbindliches Wertesystem mit Bezug auf den Unternehmensgründer Graf Ferdinand von Zeppelin entwickelt, die sogenannten Grafensätze. So stand z. B. „Grafen scheitern erfolgreich" für Innovation und Fehlerkultur oder „Grafen ziehen den Hut" für Fairness, Respekt, Vielfalt. Unternehmensstrategie und Führung setzten auf den vereinbarten Werten auf. Weitere Grafensätze und deren Bedeutung sind:

- Grafen überwinden Grenzen – Begeisterung,
- Grafen holen ins Boot – Teambildung,
- Grafen ecken an – Konfliktfähigkeit,
- Grafen ziehen Grafen an – Talentförderung,
- Grafen halten Kurs – Zielorientierung,
- Grafen hinterlassen Spuren – Nachhaltigkeit.

Die Akzeptanz und das Commitment gegenüber diesem sehr individuellen Wertesystem sind bei den Mitarbeitenden sehr hoch. Doch Wertesysteme, auch wenn sie noch so perfekt in das Unternehmen integriert werden, unterliegen immer auch einem Zeitgeist, gesellschaftlichen Veränderungen und technologischen Trends. Je zeitloser ein Wertesystem ist, desto länger hat es Bestand. Die Grafensätze sind zeitlos, doch erfordern auch sie stetig neue Interpretationen oder Ergänzungen.

Gesellschaftliche Herausforderungen für das Wertesystem sind:

- New Work und neue Mitarbeitergenerationen (Generation Y/Z),
- Digitale Transformation,
- Corporate Social Responsibility (CSR), insbesondere Klimaschutz, Diversity, globale Krisen.

Besonders die neue Mitarbeitergeneration im Unternehmen fordert Lösungen für die gesellschaftlich aktuellen Themen und eine Überprüfung der Wertesysteme im Hinblick auf die vielfältigen Herausforderungen.

4.2.2 New Work und neue Mitarbeitergenerationen

Es hat sich gezeigt, dass die digitale Transformation vor allem von der neuen, im digitalen Umfeld sozialisierten Generation (Mitarbeitende, die Mitte der 1990er- und bis zu den frühen 2010er-Jahren geboren wurden, Generation Z) aufgrund ihrer bereits vorhandenen Fähigkeiten als bestimmender Faktor der neuen Arbeitswelt eingefordert wurde. Diese Generation formulierte Erwartungen im unternehmerischen Umfeld, die sich deutlich von denen früherer Generationen unterschieden:

1. Work-Life-Balance: Die Generation Z legt großen Wert darauf, ein Gleichgewicht zwischen Arbeits- und Privatleben zu finden. Flexible Arbeitszeiten und die Möglichkeit, flexibel und individuell von verschiedenen Standorten zu arbeiten, sind sehr wichtig.
2. Sinn und Zweck: Viele Angehörige der Generation Z suchen nach Berufen, die einen Sinn haben und bei denen sie das Gefühl haben, einen positiven Beitrag zur Gesellschaft zu leisten.
3. Technologie und Innovation: Als Digital Natives erwarten sie, dass Unternehmen technologisch auf dem neuesten Stand sind und innovative Arbeitsmethoden anbieten.
4. Weiterbildung und Entwicklung: Ständige Lern- und Entwicklungsmöglichkeiten sind essenziell. Diese Mitarbeitenden möchten in einem Umfeld arbeiten, in dem sie ihre Fähigkeiten kontinuierlich erweitern können.
5. Vielfalt und Inklusion: Ein inklusives Arbeitsumfeld, das Vielfalt fördert, ist für die Generation Z besonders wichtig. Sie legen Wert auf Gleichberechtigung und respektvolle Zusammenarbeit.
6. Sicherheit und Stabilität: Trotz der oft betonten Flexibilität wünschen sich viele auch eine gewisse berufliche Sicherheit und Stabilität.

Dies hat Konsequenzen für die Unternehmenskultur und die Führung eines Unternehmens. In einem immer globaleren, offeneren und intensiveren Wettbewerbsumfeld stoßen traditionelle Führungsgrundsätze schnell an Grenzen. Die (Unternehmens-)Führung

Tab. 4.1 Agile versus traditionelle Führung

Agile Führung (Digital Leader)	Traditionelle Führung
• Integrativ & temporär: vernetzt Kompetenzen der Mitarbeiter, übernimmt selbst Aufgaben	• Hierarchieorientiert & dauerhaft: definiert Hierarchien, Zuständigkeiten und Befugnisse
• Prinzipien & Prozesse: agiert innerhalb überprüfbarer Prinzipien und Prozesse	• Position & Hierarchie: formelle Macht mit Entscheidungsbefugnis
• Abstimmung & Reflexion: priorisiert mit Mitarbeitern, Fokus auf das „Warum“	• Delegation & Kontrolle: steuert Aufgaben, Fokus auf das „Wie“
• In Echtzeit & vollständig: hohe Transparenz und Verfügbarkeit von Informationen	• In Stufen & selektiv: Informationen fließen über Hierarchiestufen
• Kollektiv & kontinuierlich: Zusammenarbeit und Verhalten zählen (sind bedeutsam), Feedback erfolgt ständig und im Team	• Individuell: Einzelleistung und Zielerreichung im Fokus, Feedback temporär und durch Vorgesetzte
• Lernfortschritte & Unterstützung: Fehlerkultur und produktive Konfliktklärung. Agiles Handeln mit schnellen Sprints und permanenten Richtungsänderungen	• Regelwerke & Konsequenzen: Fehler sollen vermieden werden, Verstöße haben Konsequenzen. Iteratives Abarbeiten nach Projektstrukturen und -abläufen
• Innovation & Wachstum: fördert Eigenverantwortung und Veränderungsbereitschaft	• Effizienz & Optimierung: minimiert(es) Risiko, schnelle Prozessoptimierung
[Tabellenfußzeile - bitte überschreiben]	

ist deshalb an die Situation anzupassen und sie muss schneller auf Veränderungen reagieren. Das Pflegen einer offenen Fehlerkultur (Grafen scheitern erfolgreich), offenes gegenseitiges Feedback und die Fähigkeit, das eigene Verhalten und Selbstverständnis immer wieder zu hinterfragen (Grafen ecken an), sind wesentliche Eigenschaften eines „Leaders“ im digitalen Umfeld. Das heißt aber nicht, dass bewährte Managementansätze überflüssig werden. Zukünftig ist der Mix entscheidend zwischen traditionellen, an Effizienz und Exzellenz orientierten Managementansätzen und jenen agilen Führungsansätzen, die lösungsorientiert, schnell und innovativ ausgerichtet sind.

Die Anforderungen an Führung sind deshalb grundsätzlich zu überdenken und traditionelle Führungsansätze werden zunehmend durch agile und digital basierte Führungsanforderungen modernisiert und ergänzt (vgl. Tab. 4.1).

4.2.3 Agile und wertebasierte Führung auf Basis traditioneller Wertesysteme

Mit den Erkenntnissen, dass Wertesysteme und werteorientierte Strategie an die neuen Herausforderungen anzupassen sind, wurden bei Zeppelin die „Grafensätze“ durch ein neues agiles und an den Erfordernissen neuer Generationen von Mitarbeitenden ausgerichtetes Führungssystem ergänzt.

Aufbauend auf den Grafensätzen wurde in einer Vielzahl interdisziplinärer Workshops ein neues Führungsleitbild entwickelt, das alle wesentlichen Aspekte der Unternehmenskultur beinhaltet. Herzstück ist dabei das Prinzip:

„ Leading myself. Leading others. Leading business“

Führung beginnt bei der eigenen Reflexion:

- Selbsterkenntnis: Welche Führungskraft will ich sein?
- Selbstreflexion: Welche Werte lebe ich bereits?
- Selbstregulation: Verhalten bewusst steuern, auch unter Stress.

Folgende Führungswerte bilden den Kern aller Bereiche:

„ Leading myself. Leading others. Leading business“

1. Vertrauen (Trust)
2. Wirksamkeit (Excellence)
3. Innovation
4. Wertschätzung (Appreciation)
5. Begeisterung (Enthusiasm)

Wie sehen diese wertebasierten, agilen Führungsprinzipien im Einzelnen aus:

Vertrauen

Empathisch – authentisch – nachvollziehbar – loyal – verlässlich

Vertrauen ist auch zukünftig elementar für gute Führung und basiert auf Empathie, Authentizität und Logik. Empathie ist die Abkehr von Selbstfokussierung hin zur Wahrnehmung und Aufmerksamkeit für die Teammitglieder. Unter Authentizität versteht man, zu sich und der eigenen Identität zu stehen und auch andere in ihrer Diversität anzunehmen. Die Offenheit für kritische Themen wird gestärkt (Grafen ecken an). Hinzu kommt, logisch, klar und verständlich zu argumentieren und zu überzeugen und seinen Worten entsprechende Taten folgen zu lassen (Walk-the-Talk).

Wirksamkeit

Lösungsorientiert – konsequent – nachhaltig – sinnhaft

Effizienz und Leistung sind existenzielle Faktoren für den Unternehmenserfolg und damit wesentlich für eine Führungsaufgabe. Führungskräfte entfalten Wirksamkeit, wenn es ihnen gelingt, das Team und sich selbst durch schwierige Situationen zu navigieren, richtig zu priorisieren und Krisen zu meistern (Grafen halten Kurs). In Zeiten der Unsicherheit heißt das, Sinn und Zweck der Arbeit aufzuzeigen und die Identifizierung mit dem Unternehmen zu gewährleisten. Zur Wirksamkeit gehört, dass sich das Team an den besten Lösungen und Produktanforderungen der Kunden orientiert. Nur so ist der nachhaltige Unternehmenserfolg gesichert und damit die positive Gestaltung des Arbeitsumfeldes. Dabei ist stets die Führungskraft die Verantwortung für die Konsequenzen des Handelns und Nichthandelns zu übernehmen.

Innovation

Kreativ – veränderungsbereit – divers – digital

Innovationen stellen die Zukunftsfähigkeit eines Unternehmens sicher und ermöglichen die Einführung neuer Produkte und notwendiger Veränderungsprozesse. Die Führungskraft nimmt durch Worte und Verhalten starken Einfluss, weist in verschiedene Richtungen und fördert oder bremst Innovationen. Dazu gehört auch, Fehler als Bestandteil von Veränderung zu akzeptieren (Grafen scheitern erfolgreich). Die Förderung von Diversität im Team ist ein weiterer wichtiger Aspekt. Je mehr Diversität (Unterschiedlichkeit) in ein Team einfließt, desto mehr unterschiedliche Betrachtungsweisen und Erfahrungswerte stehen zur Verfügung und die Wahrscheinlichkeit für die Umsetzung innovativer Prozesse und Lösungen steigt. Der bewusste Umgang mit Diversität und Veränderungsbereitschaft steigert Lernbereitschaft und Mut im Umgang mit Unsicherheiten.

Wertschätzung

Anerkennen – einbeziehen - Dialog suchen – fördern

Wertschätzung ist ein Grundbedürfnis von Menschen. Fehlende Wertschätzung hat direkte negative Auswirkungen auf Leistungsfähigkeit, Motivation und Loyalität von Mitarbeitenden. Wertschätzung ist nicht zu verwechseln mit Anerkennung. Neben einem Lob machen die Wahrnehmung und der Respekt vor der Persönlichkeit den maßgeblichen Unterschied (Grafen ziehen den Hut).

Das Interesse an Mitarbeitenden und die Verwertung von erhaltenem Feedback, sowie eigenes nachvollziehbares und konstruktives Feedback und das Ermuntern zu offener und wertschätzender Kommunikation sind dabei wichtige Elemente.

Begeisterung

Neugierig sein

Gefühle der Begeisterung setzen kreative Energien frei, beflügeln, machen Lust auf mehr und stecken an (Grafen treffen ins Herz). Ohne wirtschaftlichen Erfolg werden Unternehmen nicht überleben, aber ohne Begeisterung der Menschen für die Arbeit am Kunden gehen Unternehmen zugrunde. Eigene Motivationsquellen erkennen und nach außen kehren, sie für das Team erlebbar machen und Spaß und Begeisterung mit ihm zu teilen, sind wesentliche Erfolgsfaktoren guter Führung und eine Voraussetzung, um Teams zu hoher Leistung zu führen. Beschleuniger für Begeisterung sind Freiräume für Austausch, Ideenfindung und Experimentieren. Eine von Neugier und Offenheit im Team geprägte Zusammenarbeit sicherzustellen und Misserfolge oder Fehler konstruktiv auf Lernpotenziale hin zu analysieren, dies alles trägt die Begeisterung und positive Energie aller Beteiligten.

4.2.4 Zusammenfassung

Zeppelin hat die Herausforderungen von gesellschaftlichen Veränderungen, neuen Mitarbeitergenerationen und digitaler Transformation mit einem reformierten, auf traditionellen Werten basierenden agilen Führungssystem angegangen.

Führung muss zur Unternehmenskultur passen, um die richtigen Talente zu gewinnen und langfristig zu binden.

Mit „ Leading myself. Leading others. Leading business" ist eine Verbindung zwischen dem anerkannten Wertesystem des Unternehmens sowie den gesellschaftlichen Herausforderungen und Erwartungen der neuen Generation von Mitarbeitenden gelungen und die Positionierung als attraktiver Arbeitgeber entscheidend verbessert worden.

4.3 Dr. Elmar Gerwalin, IT-Bereichsleiter, KTE Karlsruhe

Interview: „Führen heißt mehr als Wissen"

Ein fiktives Gespräch zwischen Elmar (26), Masterstudent der Biophysik, und Dr. Gerwalin (55), promovierter Chemiker und IT-Führungskraft **Elmar:** Herr Dr. Gerwalin, vielen Dank, dass Sie sich die Zeit für dieses Gespräch nehmen. Besonders interessiert mich Ihre Sichtweise auf das Thema Führung – gerade aus Ihrer Doppelrolle als Naturwissenschaftler mit akademischem Hintergrund und als IT-Manager mit Führungserfahrung. Vielleicht können Sie mir zunächst schildern, wie Sie Führung in Ihrer Zeit als Student und später als Doktorand wahrgenommen haben?

Dr. Gerwalin: Sehr gerne, Elmar. Wenn ich an meine Studienzeit in den 1990er-Jahren zurückdenke, dann spielte das Thema Führung – zumindest aus Sicht der Studierenden – praktisch keine Rolle. Im Mittelpunkt stand die reine Wissensvermittlung. Alles drehte sich um Inhalte, fachliche Tiefe und intellektuelle Leistung. Die Lehre war stark frontal geprägt: Der Professor sprach, wir hörten zu. Interaktion, Austausch oder gar ein pädagogisches Konzept waren die Ausnahme. Auch wenn es vereinzelt Evaluationen durch die Studierenden gab, hatten diese kaum Auswirkungen auf die Lehre. Auffällig war aber: Die jüngeren, nahbareren Dozenten schnitten regelmäßig besser ab. Offenbar hatten viele das Bedürfnis nach mehr menschlicher Zugänglichkeit und Didaktik.

Elmar: Gab es denn keinerlei Vorbereitung oder Begleitung für den Umgang mit Studierenden oder Mitarbeitenden?

Dr. Gerwalin: Nein, das war schlicht kein Thema. Auch als ich später wissenschaftlicher Mitarbeiter an der Universität war, gab es keinerlei Schulungen zu Soft Skills, Kommunikation oder Führung. Man war fachlich versiert, ja, aber was es bedeutet, andere Menschen anzuleiten, zu motivieren oder zu unterstützen, das hat man sich selbst irgendwie zusammenreimen müssen – oft auf Basis der eigenen Erfahrungen, die, wie gesagt, von Distanz und Fachorientierung geprägt waren. Im Rückblick würde ich sagen: Es wurde viel Potenzial verschenkt, sowohl für die persönliche Entwicklung als auch für die Qualität der Ausbildung und Zusammenarbeit.

Elmar: Wann haben Sie begonnen, sich intensiver mit Führung auseinanderzusetzen?

Dr. Gerwalin: Das kam erst mit dem Wechsel zur Fraunhofer-Gesellschaft. In dieser Organisation wurde – anders als an der Universität – ermöglicht, Führung besser zu lernen und bewusst zu gestalten. Ich habe viele Trainings, Coachings und Veranstaltungen besucht, die meine Sicht auf Führung nachhaltig geprägt haben. Besonders ein Satz eines Trainers ist mir im Gedächtnis geblieben: „Die Chefs, die zu Weiterbildungsangeboten kommen, sind meist schon die besseren." Ob ich mich zu einem guten oder schlechten Vorgesetzten entwickelte, mögen meine Mitarbeitenden entscheiden.

Elmar: Gab es Vorbilder, die Sie besonders geprägt haben – vielleicht sogar außerhalb Ihres beruflichen Umfelds?

Dr. Gerwalin: Ja, durchaus. Eine besonders eindrucksvolle Erfahrung habe ich während meines Wehrdienstes gemacht. Ich hatte das Glück, unter einem Hauptmann zu arbeiten, der aus einem völlig anderen Bildungskontext kam. Kein Abitur, Ausbildung war nicht passend für ihn, dann zur Bundeswehr – auf den ersten Blick kein klassischer Karriereweg. Aber dieser Mann hatte eine außergewöhnliche Fähigkeit, Menschen zu führen. Er konnte klar kommunizieren, nahm jeden ernst, zeigte echtes Interesse – und besaß ein Gespür für Situationen und Stimmungen, das mich damals als 19-Jährigen tief beeindruckt hat. Wer lobt schon seine jungen Gefreiten namentlich vor versammelten 200 Mann? Das ging runter wie Öl…

Diese Erfahrung hat mir gezeigt: Führung ist keine Frage des Bildungsgrads oder der Fachkenntnis allein. Es geht um Haltung, Persönlichkeit und oft auch um Lebenserfahrung. Und: Vieles davon ist erlernbar – wenn man bereit ist, sich selbst zu hinterfragen.

Elmar: Was würden Sie jungen Menschen wie mir, die vielleicht später eine Führungsrolle anstreben, heute raten?

Dr. Gerwalin: Zunächst einmal: Fachwissen ist eine gute Grundlage – aber nicht das entscheidende Kriterium für gute Führung. Wer führen will, muss bereit sein, sich auf Menschen einzulassen. Interessen und Neigungen erkennen, Entwicklung fördern – das sind Schlüsselkompetenzen. Mein erster Rat lautet daher: Beschäftige dich bewusst mit Führung, nicht erst, wenn du formell dafür verantwortlich bist. Such dir Vorbilder, beobachte, was sie gut machen – und was nicht. Zweitens: Nimm jede Gelegenheit wahr, um Verantwortung zu übernehmen. Ob im Studium oder im Projekt – Führung beginnt oft im Kleinen. Drittens – und das halte ich für besonders wichtig: Vertraue deinem Gespür. Wenn du merkst, dass dich bestimmte Themen, Rollen oder Menschen inspirieren, geh diesen Impulsen nach. Suche den Kontakt zu denjenigen, die dich fördern – und trenne dich auch von Strukturen, die dich hemmen. Persönliche Entwicklung braucht das richtige Umfeld.

Elmar: Digitalisierung ist in aller Munde. Wie verändert sie aus Ihrer Sicht die Anforderungen an Führung?

Dr. Gerwalin: Der Begriff „Digitalisierung" hat in den letzten Jahren enorm an Bedeutung gewonnen. Als ich studierte, sprach man noch von „EDV" oder einfach „IT".

Heute durchdringt digitale Technologie unseren gesamten Alltag und ist aus der Arbeitswelt nicht mehr wegzudenken. IT ist kein Werkzeug mehr, das man einfach nutzt – sie ist überall bereits drin, ist eher eine Funktion als eine abgrenzbare Komponente. In ihrer Eigenschaft, insbesondere als Software, schafft sie immer größere Möglichkeiten und eröffnet Innovationen.

Die wohl größte Veränderung in den letzten zehn bis fünfzehn Jahren sehe ich im Selbstverständnis der IT-Abteilungen. Früher waren sie eher abgeschottete Einheiten – zuständig für Server, Netzwerke, Systeme. Und einer davon konnte auch die Telefonanlage und die Webseite bedienen. Heute sind sie Schnittstellenmanager. Sie müssen mit internen Fachbereichen ebenso kommunizieren wie mit externen Dienstleistern und Cloudanbietern. Technisches Wissen allein reicht dafür längst nicht mehr. Projektmanagement, Kommunikationsfähigkeit und strategisches Denken rücken in den Vordergrund. Führungskräfte in der IT brauchen heute mehr denn je die Fähigkeit, Übersetzer zwischen Technik und Business zu sein.

Elmar: Bedeutet das, dass klassische IT-Expertise weniger gefragt ist?

Dr. Gerwalin: Nicht weniger gefragt – aber anders eingebettet. Natürlich brauchen wir auch heute Menschen, die Systeme verstehen und entwickeln können. Aber die Zeiten, in denen der „schweigsame Nerd im Serverraum" das Rückgrat der IT war, sind weitgehend vorbei. Ich erinnere mich an eine Tagung vor über zehn Jahren. Einer meiner 70 Kollegen rief damals am Ende eines Vortrags zum Thema Cloudtechnologie laut und entrüstet ins Plenum „Wenn das kommt, sind wir ja alle arbeitslos!" Er meinte das halb im Scherz – und doch war etwas Wahres dran. Die Rolle klassischer IT-Administratoren hat sich fundamental verändert. Heute gibt es Cloudarchitekten, IT-Produktmanager, Securityspezialisten, Prozessberater. Führung bedeutet in diesem Kontext auch, Menschen in diesen Wandel zu begleiten – ihnen zu helfen, neue Rollen zu finden und sie auf neue Anforderungen vorzubereiten.

Das betrifft auch Führung selbst: Auch Mitarbeitende ohne offizielle Führungsfunktion müssen heute Projekte leiten, Dienstleister steuern, Teams koordinieren. Die klassische Hierarchie löst sich zusehends auf – Führung wird zur Aufgabe vieler, nicht weniger.

Elmar: Welche Ideen oder Wünsche haben Sie für die Zukunft der Führung?

Dr. Gerwalin: Ich wünsche mir, dass Menschlichkeit einen zentraleren Platz in Führung bekommt – und das nicht nur aus moralischen Gründen, sondern aus handfestem Eigeninteresse. Wir stehen vor großen demografischen Veränderungen. Gleichzeitig schreiten technologische Entwicklungen wie künstliche Intelligenz rasant voran. In vielen Branchen – besonders in der IT – wird es künftig weniger Mitarbeitende geben, dafür aber mit sehr spezialisierten Fähigkeiten. Diese Menschen gewinnen wir nicht durch autoritäres Auftreten oder Hierarchiedenken. Wer heute toxische Führung erlebt, verlässt morgen das Unternehmen. Loyalität entsteht nur noch durch Vertrauen, Sinnstiftung und Teamkultur.

Dazu kommt: Unsere Teams werden immer heterogener – nicht nur in Bezug auf Herkunft oder Alter, sondern auch hinsichtlich der Lebensläufe, Werte und Erwartungen.

Führungskräfte müssen lernen, mit dieser Vielfalt umzugehen. Wer das schafft, macht sein Unternehmen widerstandsfähiger, anpassungsfähiger und zukunftssicher.

Und nicht zuletzt: Ich glaube fest an das Prinzip des dienenden Führens. Eine gute Führungskraft stellt sich nicht über ihr Team, sondern hinter es. Sie räumt Hindernisse aus dem Weg, schafft Orientierung, gibt Rückendeckung. Ich kenne keinen guten Grund, warum sich jemand in einer Leitungsfunktion menschlich über andere erheben sollte. Im Gegenteil: Haltung und Bescheidenheit sind aus meiner Sicht die wichtigsten Führungsinstrumente. Wichtigtuerei ist der erklärte Feind!

Elmar: Vielen Dank, Herr Dr. Gerwalin. Das war sehr inspirierend und hat mir viele Denkanstöße gegeben.

Dr. Gerwalin: Gern geschehen, Elmar. Und denke bitte daran: Führung beginnt nicht mit einem Titel, sondern mit einer Haltung – und oft schon in den kleinen Entscheidungen des Alltags.

4.4 Prof. Dr. Marion Halfmann, Präsidentin der Hochschule Bonn-Rhein-Sieg

Zwischen Sinnsuche und Smartphone: Die junge Generation in der Berufswelt des digitalen Zeitalters

4.4.1 Einführung: Generationen am Arbeitsmarkt

Die Berufswelt von gestern war vergleichsweise einfach strukturiert: Viele Kinder ergriffen – der Familientradition folgend - den gleichen Beruf wie Vater oder Großvater, spätestens mit der Familiengründung kam der Wunsch nach Aufstieg, Eigenheim und festem Einkommen und der Großteil der „Fast-Rentner" konnte dann später auf ein Arbeitsleben ohne größere Jobwechsel, aber möglicherweise mit einigen körperlichen Strapazen zurückblicken. Ganz anders heute: Direkt nach der Schule haben junge Menschen die Qual der Wahl zwischen aktuell 328 verschiedenen Ausbildungsberufen und je nach Qualifikation mehr als 10.000 Bachelorstudiengängen – nur im Inland. Statistisch gesehen erfolgt alle 11 Jahre ein Arbeitgeberwechsel (vgl. Schäfer 2023), so dass im Regelfall genug Zeit bleibt, sich während des Berufslebens mehrfach neu zu justieren, gegebenenfalls auch zwischendurch noch einmal ein Studium oder eine Weiterbildung zu absolvieren, einer Selbständigkeit nachzugehen und am Ende möglicherweise früher oder auch später in den Ruhestand zu gehen als geplant. Alles ist vertreten und auch möglich, denn durch den Rückgang körperlicher Schwerstarbeit und gestiegene Lebenserwartung fühlen sich viele Menschen lange „berufsfit".

Als Konsequenz begegnen sich auf dem Arbeitsmarkt nach heutigem Zuschnitt bis zu sechs Generationen mit unterschiedlichen Prägungen, Erwartungen und digitalen Kompetenzen (Klaffke o.J.): Die Silent Generation, geboren vor 1946, ist zum Großteil aus dem

Berufsleben ausgeschieden, doch ihre Vorstellungen von Disziplin, Pflichtgefühl und Loyalität wirken in vielen Unternehmenskulturen bis heute nach. Die folgende Nachkriegsgeneration der heute 70–79-Jährigen prägte den wirtschaftlichen Aufschwung und strebte nach Sicherheit und Wohlstand. Aufgrund guter Gesundheit und zunehmender wirtschaftlicher Notwendigkeit ist eine wachsende Zahl der über 70-Jährigen immer noch am Arbeitsmarkt präsent (vgl. Vogel/Simonson 2022). Die etwas jüngeren Babyboomer (geboren zwischen 1956–1965) wuchsen in einer Zeit des wirtschaftlichen Wachstums auf, in der ein gutes Gehalt und das klassische Familienmodell mit einem Alleinverdiener als Normalfall galten. Sie werden in den kommenden Jahren zahlenmäßig stark abnehmen, da viele „Boomer" in den Ruhestand wechseln. Mit der Generation X (geboren zwischen 1966–1980) rückten Werte wie Arbeitsplatzsicherheit und individuelle Karriereplanung stärker in den Vordergrund. Die Millennials oder Generation Y der heute zwischen 30 und 44 Jahre alten Erwerbstätigen stellten erstmals die Work-Life-Balance ins Zentrum ihrer beruflichen Vorstellungen, strebten nach Selbstverwirklichung, Sinnhaftigkeit und waren die ersten, die mobiles Arbeiten als Teil eines modernen Arbeitslebens einforderten. Die heute als „junge Generation" umschriebene Gruppe ist die Generation Z (geboren zwischen 1996–2009), die mit etwa 12 Mio. Menschen den Arbeitsmarkt entscheidend mitprägt und längst keine Minderheit mehr darstellt. Sie ist die erste Generation, die vollständig mit digitalen Medien aufgewachsen ist. Ihr Alltag ist geprägt von einer Flut an Informationen, einer Kultur des Sofortismus und einer ständigen Vernetzung. Ihr Berufseinstieg fällt in eine Zeit multipler Krisen – von der Pandemie bis zur Klimakatastrophe – und eben dies prägt ihre Erwartungen an Arbeit, Erfolg und Leben.

Die folgenden drei Thesen veranschaulichen – auszugsweise und plakativ - welche Besonderheiten die Generation Z am Arbeitsmarkt ausmachen, welchen Stellenwert Digitalisierung für sie einnimmt und welche Motive sie antreiben. Die Auswahl der Thesen ist subjektiv basiert auf persönlichen Erfahrungen im Umgang mit eben dieser Zielgruppe als Hochschullehrerin und -leitung, hinterlegt mit empirischen Erkenntnissen.

4.4.2 These 1: Wenig Geduld - viel Selbstbewusstsein

Ein bedeutender Unterschied, auf den gerade Ältere im beruflichen Umgang mit Vertreter:innen der Generation Z stoßen, ist eine deutlich andere Zeittoleranz: Junge Berufseinsteiger sind oft weniger bereit, für beruflichen Erfolg eine lange Phase der Vorbereitung und des Wartens auf sich zu nehmen. Geduld ist keine Tugend mehr, stattdessen zählen Wirkung, Effizienz und unmittelbares Feedback. Der klassische Karriereweg über viele Jahre hinweg in einer Organisation mit langsamen Aufstiegsmöglichkeiten ist deshalb tendenziell weniger attraktiv geworden. Kein Wunder - wer aufgewachsen ist mit YouTube-Tutorials, die in zehn Minuten erklären, was man früher in zwei Jahren Ausbildung gelernt hat, fragt sich: Warum sollte es im Berufsleben anders sein?

Die beruflichen Vorbilder der jungen Generation unterscheiden sich demzufolge spürbar von denen der Nachkriegsgeneration oder der Babyboomer. Früher waren Unternehmerlegenden wie Reinhold Würth oder Hans Riegel das Maß der Dinge – Unternehmerpersönlichkeiten, die jahrzehntelang auf ein Ziel hinarbeiteten. Heute sind es Influencer wie Khaby Lame, der innerhalb eines Jahres zum globalen Star wurde, oder Erik Finman, der mit 18 Jahren Bitcoin-Millionär war. Erfolg scheint plötzlich, viral, disruptiv – nicht geplant und schrittweise.

Für den „Sofortismus" junger Arbeitnehmer lassen sich viele Gründe benennen. Neben der allgemeinen Erfahrung, dass heutzutage eben jede Entwicklung rasanter erfolgt als vor Jahrzehnten, kommen existenzielle Krisen hinzu, die die Generation Z geprägt haben. Corona hat gezeigt, wie schnell Pläne Makulatur werden können. Die Klimakrise bedroht die Zukunft fundamental. Kriege und geopolitische Auseinandersetzungen machen klar, dass Sicherheit auch in Europa keine Selbstverständlichkeit ist. In einer solchen Welt erscheint es nur logisch, Chancen sofort zu nutzen – denn wer weiß schon, wie lange sie bleiben?

Aber: Die Erwartung auf schnelle Erfolge und sofortiges Feedback bringt auch Risiken mit sich. Kurze Erwartungshorizonte kollidieren nicht selten mit der Realität der Arbeitswelt. Strukturierte und vorgezeichnete Karrierewege, der Anspruch, sich „erst einmal beweisen zu müssen" und komplexe Hierarchien prägen auch heute noch zum Teil noch die Arbeitswelt und werden durch ältere Kolleg:innen teils wenig hinterfragt, manchmal vielleicht sogar verteidigt. Der Frust, wenn Anerkennung und Aufstieg nicht in überschaubarer Geschwindigkeit folgen, ist groß. Studien zeigen: Die Generation Z ist viel häufiger von Burn-out und Bore-out betroffen als frühere Jahrgänge (vgl. ASU 2024). Ihre hohe Erwartung an Sinnhaftigkeit und Selbstverwirklichung trifft auf begrenzte Möglichkeiten – auf dem Arbeitsmarkt und teilweise auch individuell.

4.4.3 These 2: Führen? Muss nicht sein

Rund die Hälfte aller Unternehmen in Deutschland hat Schwierigkeiten, Führungspositionen zu besetzen (iwd 2024). Warum? Neben dem allgemeinen Fachkräftemangel wollen immer weniger Berufstätige Verantwortung tragen – vor allem jüngere Menschen.

In einer repräsentativen Umfrage des Instituts der Wirtschaft gaben viele Befragte aus der Generation Z an, dass sie mit dem klassischen Führungsbild wenig anfangen können (vgl. Suling/Wildner 2024). Verantwortung übernehmen – ja. Aber Mitarbeiter führen, Konflikte austragen, Personalgespräche führen? Lieber nicht. Die Gründe sind vielfältig. Einerseits fehlt oft das Zutrauen in die eigene Führungskompetenz – andererseits erscheint die Rolle der Führungskraft als unattraktiv, ja fast unmodern.

Hinzu kommt eine Sozialisation, in der Selbstständigkeit häufig verzögert eintritt. Viele junge Menschen bleiben länger im Elternhaus wohnen, Eltern begleiten ihre Kinder auch ins junge Erwachsenenalter hinein intensiver als früher. Angeblich nehmen sechs Prozent der Gen-Z-Vertreter ihre Eltern mit zum Vorstellungsgespräch (vgl. Schreiber 2025) – ein Phänomen, das für ältere Generationen kaum vorstellbar ist.

Doch bevor man dies vorschnell als „Unselbstständigkeit" abtut, lohnt ein zweiter Blick: Die Generation Z möchte klare Strukturen, Rückhalt und Transparenz – all das wünschen sie sich auch im Beruf. Sie will geführt werden, aber auf Augenhöhe. Sie braucht Orientierung, aber keine autoritären Ansagen. Das klassische Führungsmodell mit

Hierarchien und Entscheidungsmonopolen wirkt auf sie antiquiert. Stattdessen wünschen sie sich agile Teams, in denen Entscheidungen gemeinsam getroffen werden.

Die Ablehnung klassischer Führungspositionen bedeutet also nicht automatisch Desinteresse an Verantwortung, sondern eher: ein anderes Verständnis von Führung. Die Führungskraft als Coach, nicht als Vorgesetzter. Als Mitgestalter, nicht als Alleinentscheider.

4.4.4 These 3: Digital ja – aber bitte einfach

Wenn man Studierende fragt, welche digitalen Tools sie bevorzugen, kommt meist viel zurück: Notion, Slack, Figma, Canva, ChatGPT – das volle Programm. Nicht alle, aber viele wissen nicht nur, wie man diese Tools nutzt, sondern auch, wie sie miteinander kombiniert werden können, um effizienter zu arbeiten. Für diese jungen Menschen ist es selbstverständlich, mit Low-Code-Lösungen eigene Prozesse zu automatisieren – nicht, weil sie programmieren könnten, sondern weil Tools genutzt werden, die Programmierung überflüssig machen.

Genau hier liegt eine spannende Erkenntnis: Die Generation Z ist nicht unbedingt technikbegeistert im klassischen Sinne – sie ist technikpragmatisch. Sie nutzt Technologie nicht, weil sie sie spannend findet, sondern weil sie funktioniert. Der Gedanke, selbst zu programmieren, eine App zu entwickeln oder Hardware zu bauen, interessiert sie oft wenig. Wichtiger ist: Kann ich damit meinen Alltag vereinfachen?

Das bedeutet aber auch: Die Generation Z ist keine Digitalelite. Sie ist digital sozialisiert, aber nicht zwingend digital kompetent. Viele junge Menschen wissen wenig über Datenströme, Netzwerktechnologien oder Cybersicherheit – aber sie wissen, wie man mit einem Klick das gewünschte Ergebnis bekommt. Sie sind Anwender, keine Producer.

Die Erwartungen an Arbeitgeber spiegeln das wider: Moderne Technik ist kein Bonus, sondern Grundvoraussetzung. Unternehmen, die mit veralteten Systemen arbeiten, gelten als unattraktiv. Gleichzeitig erwarten viele „Zetties", dass Technik intuitiv funktioniert – Schulungen oder Einführungen werden als überflüssig betrachtet. Hier zeigt sich eine Lücke zwischen Nutzungskompetenz und technologischem Verständnis.

Dennoch liegt genau hier auch eine Chance: Wer es schafft, die Generation Z nicht nur als Nutzer, sondern auch als Gestalter digitaler Prozesse zu gewinnen, hat eine innovationsstarke Kraft an Bord. Doch dafür braucht es mehr als gute Hardware – nämlich ein echtes Verständnis von Digitalisierung als Kultur, nicht nur als Werkzeug.

4.4.5 Fazit: Zwischen Wandel und Wunsch – eine Generation auf der Suche

Die Generation Z ist vieles: ungeduldig, idealistisch, pragmatisch, digital – aber vor allem ist sie anders. Sie stellt alte Gewissheiten infrage, fordert neue Antworten und zwingt Unternehmen zum Umdenken. Wer heute junge Talente gewinnen will, muss mehr bieten als Geld. Es geht um Sinn, Haltung, Flexibilität und Technologie. Und doch ist sie in vielem auch gar nicht so verschieden von früheren Generationen. Auch sie möchte gehört werden, gesehen, respektiert. Auch sie will Sicherheit und Perspektive – nur anders als früher. In einer Welt, die sich schneller verändert als je zuvor, ist diese Generation nicht das Problem, sondern vielleicht genau das, was dringend gebraucht wird: Eine neue Perspektive auf Arbeit, Leben und Zukunft.

4.4.6 Quellen

ASU (2024): Die Gen Z ist häufiger von Unter- oder Überforderung betroffen. Abrufbar unter https://www.asu-arbeitsmedizin.com/konflikt-und-stressmanagement/die-gen-z-ist--haeufiger-von-unter-oder-ueberforderung-betroffen; abgerufen am 12. April 2025.

Hammermann, A. / Stettes, O. (2024): Verwaiste Chefsessel in deutschen Unternehmen. IW-Report 16/2024. Abrufbar unter https://www.iwkoeln.de/fileadmin/user_upload/Studien/Report/PDF/2024/IW-Report_2024-Führungspositionen.pdf; abgerufen am 16.04.2025.

Klaffke, M.: Generationen-Management. In: Gabler Wirtschaftslexikon. Abrufbar unter https://wirtschaftslexikon.gabler.de/definition/generationen-management-99636; abgerufen am 15.04.2025.

Schäfer, H. (2023): Entwicklung der Betriebszugehörigkeitsdauer. IW-Kurzbericht. Abrufbar unter https://www.iwkoeln.de/fileadmin/user_upload/Studien/Kurzberichte/PDF/2023/IW-Kurzbericht_2023-Betriebszugehörigkeitsdauer.pdf; abgerufen am 16.04.2025.

Schreiber, A. (2025): Berufseinstieg der Generation Z – nicht ohne meine Eltern. Abrufbar unter https://www.rnd.de/beruf-und-bildung/berufseinstieg-der-generation-z--mit-den-eltern-zum-vorstellungsgespraech-7F2FB3HKQVD3VPWCPRXP3DAXD4.html; abgerufen am 16.04.2025.

Suling, L. / Wildner, J. (2024): Führung in der Transformation. IW-Report 19/2024. Abrufbar unter https://www.iwkoeln.de/fileadmin/user_upload/Studien/Report/PDF/2024/IW-Report_2024-Führung-in-der-Transformation.pdf; abgerufen am 16.04.2025.

Vogel, C. /Simonson, J. (2022): Erwerbsarbeit im Ruhestand hat viele Gründe – nicht nur finanzielle. IAB-Kurzbericht. Abrufbar unter https://doku.iab.de/kurzber/2022/kb2022-08.pdf

4.5 Sven Hancke, Geschäftsführer & Gründer, ACP- Consulting

Management zwischen Digitalisierung und Generationenkonflikt - Erfahrungen und Meinungen aus der Praxis

4.5.1 Vorbemerkungen

Als ich gefragt wurde, ob ich zu diesem Buch einen Betrag leisten wolle, war ich zunächst skeptisch. Was sollte ein typisches Mitglied der Boomergeneration – wenn auch als Unternehmer – hier noch Neues beitragen können?

Aber: Auch wenn mir viele Dinge in meinem persönlichen Verhalten in einer Führungsrolle selbstverständlich erscheinen, habe ich oft genug erlebt, dass in Unternehmen – für meine Begriffe – teils absurde Vorgehensweisen gepflegt werden.

Also warum nicht doch meine Erfahrungen einbringen, auch wenn es vielleicht redundant erscheint oder die Gefahr birgt, wissenschaftlich nicht auf dem allerneuesten Stand zu sein – falls das in der Unternehmensrealität eine ernsthafte Rolle spielt?

Meine Erlebnisse in den verschiedenen Führungsfunktionen meiner Laufbahn in der IT-Branche bilden dabei sicher nur einen überschaubaren Teil der möglichen beruflichen Umfelder ab.

Das betrifft einerseits die eher mittelständische Größe der Unternehmen – die allerdings gerne auch als reiner Vorwand genutzt wird, dass „das hier so nicht geht" (mehr dazu später). Allerdings hat das Spektrum eben vom Kleinunternehmen bis zu Konzernstrukturen sehr wohl eine gewisse Breite.

Andererseits bin ich durchgängig in Umgebungen tätig gewesen, in denen der frei gestaltbare Anteil der anstehenden Arbeit für die Mitarbeitenden eher groß war. Die Endmontage eines PKW an einem Band lässt sicher weniger Freiheitsgrade in der Selbstorganisation zu als z. B. die Entwicklung von Software.

Das beginnt schon bei der Einteilung der Arbeitszeit – Stichwort: „Homeoffice" – oder der Flexibilität einer Vertrauensarbeitszeit. Insofern beschränke ich gerne die Validität meiner Erkenntnisse auch eher auf solche Umgebungen. Allerdings betrifft das zumindest aktuell durchaus einen signifikanten Teil der Mitarbeitenden.

4.5.2 Rituale

Lange haben mich in meinen Funktionen die Spielregeln begleitet, die sich Unternehmen insbesondere für den Personalbereich gegeben haben – sehr oft getriggert von externen Faktoren, eher selten von einem stringenten Konzept.

Dazu gehörte – mangels Vertrauen in die eigenen Fähigkeiten – oft der Einsatz von „Personalberatern"; diese wiederum bewaffnet mit unterschiedlich absurden, aber als „modern" deklarierten Konzepten zur Vergütung, zu Zielsystemen oder zur Bindung von Mitarbeitenden. Zweck war in der Regel vor allem der Beratungsauftrag selber – idealerweise im Folgejahr verlängert, um im Zweifel gegenteilige Empfehlungen gemäß der dann jeweils aktuellen Modetrends zu proklamieren.

Beliebtes Thema sind auch die „Jahresgespräche". Es ist sicher grundsätzlich keine schlechte Idee, sich mal mit den Mitarbeitenden zu unterhalten – aber nur einmal im Jahr? Am besten auch noch anhand eines vorgegebenen Fragebogens – um die Ergebnisanalyse zu vereinfachen, also zu schematisieren. Stichwort: „Zielsystem“ – als ginge es nicht um den einzelnen Menschen, sondern die Zielerreichung von Teilinteressengruppen, die diese Rituale sorgsam pflegen.

Die Wertschätzung der Mitarbeitenden zeigt sich übrigen bereits im Namen „HR“. Wer nur Ressourcen verwaltet, muss sich keinen unbequemen Fragen über Akzeptanz stellen.

4.5.3 Zielsysteme

Irgendwann schwappte die Welle der variablen Vergütung von Mitarbeitenden in Abhängigkeit von erreichten Zielen über den Atlantik. Grundlegende Idee ist (immer noch) die Annahme, dass Menschen nur dann richtig arbeiten, wenn sie finanziell direkt davon profitieren. Das hat sich meiner Meinung nach zwar als im Wesentlichen falsch herausgestellt, ist aber üblich und muss deshalb per se gut sein.

Zu diesem Thema gibt es einige Literatur, z. B. unter dem Stichwort „Selbstbestimmungstheorie“; eine eher populärwissenschaftliche Darstellung findet sich z. B. (Stand 15.08.2025) unterhttps://www.amazon.de/Drive-Surprising-Truth-About-Motivates/dp/1594484805.

Und ja, es gibt wirklich Menschen, die nur gegen direkten Einwurf von Münzen funktionieren. Es muss – und sollte - aber jedes Unternehmen für sich entscheiden, ob solche Personen wirklich Teil der Mitarbeitenden sein müssen.

Ich habe demgemäß in den letzten Jahrzehnten viele unterschiedliche Systeme und Vorgehensweisen kennengelernt. Gemeinsam war diesen in der Regel, dass eine parallele Scheinwelt im Unternehmen Einzug hält: Es entstehen komplexe Regularien mit fragwürdigen Bewertungskriterien. Und in aller Regel werden die Vereinbarungen auch noch verspätet getroffen – so viel zum eigentlich gewünschten Motivationseffekt.

Das Highlight ist dann gerne die Auswertephase: Ich kenne etliche Unternehmen, in denen mindestens die mittlere Zielerreichung vorgegeben wird. Eröffnet ist damit der Jahrmarkt für die Verhandlungen über die Bewertung der Zielerreichung des einzelnen Mitarbeitenden. „Gewinner“ ist am Ende der bessere Verhandler, nicht der bessere Mitarbeitende.

In Summe führt dies meist dazu, dass Kunden- und Erfolgsorientierung zurückstehen hinter dem Einhalten von Formalien und internen Verteilungskämpfen.

Ganz nebenbei allerdings auch zu einer veränderten Kultur: In der propagierten Denkweise „lohnt“ es sich für die Mitarbeitenden nur, sich für etwas zu engagieren, was zu einer Erhöhung der variablen Vergütung führt.

So gesehen bekommt das Unternehmen für den fixen Bestandteil der Vergütung – gar nichts mehr.

4.5.4 Erwartungen der Mitarbeitenden

Dies ist sicher ein schwieriges Thema – was wollen denn diese Mitarbeitenden eigentlich? Oft wird hier auf Unterschiede in den Generationen hingewiesen. Nach meiner Erfahrung ist aber vielleicht die Art der Kommunikation der Wünsche unterschiedlich, gar nicht mal so sehr aber der eigentliche Inhalt.

Aus meiner Sicht gibt es dazu drei Themenfelder, die betrachtet werden sollten: Ich nenne sie einmal Sicherheit, Umfeld und Inhalt.

Sicherheit Auch wenn es gerne anders propagiert wird: Das Gehalt ist aus meiner Sicht nicht die primäre bzw. einzige Motivation für Mitarbeitende – zumindest, solange es keine eklatanten Abweichungen von Marktstandards gibt.

Nur wenige Mitarbeitende dürften tatsächlich ihren Job wechseln wollen, weil es in einem neuen, bis dato noch unbekannten Umfeld ein geringfügig besseres Gehalt gibt.

Umgekehrt gilt aber ebenso: mit ihrer Situation unzufriedene Mitarbeitende sind bestenfalls kurzfristig (ich gehe von ca. 3 Monaten aus) durch Gehaltsanpassungen zum Verbleib zu bewegen, wenn sich sonst nichts an ihrer Situation wesentlich ändert. Damit kann also maximal eine Zeitspanne erkauft werden, die Identifikation des Mitarbeitenden wieder herzustellen.

Es mag trivial klingen, aber nach meiner Erfahrung suchen Mitarbeitende zu einem großen Teil die Sicherheit eines stabilen Arbeitsplatzes – also insbesondere auch die Stabilität des eigenen Einkommens. Das ändert sich sicher graduell je nach der jeweiligen Lebensphase, aber spätestens mit einer Familiengründung dürfte hier (langfristig unverändert) ein wichtiger Punkt vorliegen.

Es wird spannend sein, genau dies auf dem Hintergrund der Automatisierung durch KI-Anwendungen und der folgenden signifikanten Veränderung von Arbeitsplatzanforderungen in den nächsten Jahren im Auge zu behalten.

In der Politik wird das Thema üblicherweise totgeschwiegen, ist aber ganz offensichtlich zumindest bei den betroffenen Menschen bereits angekommen – wenn auch noch nicht in einer realistischen Wahrnehmung, vgl. https://www.zeit.de/digital/internet/2025-08/kevin-roose-ki-automatisierung-arbeitsplatz-gefahr; Stand 15.08.2025.

Darüber hinaus kommt aber ein Aspekt, der meines Erachtens oft unterbewertet wird: Nur wenige Mitarbeitende sind willens und in der Lage, ernsthaft Verantwortung in wirklich kritischen Situationen zu übernehmen. Das mag teilweise auch an mangelnder Erfahrung (bzw. Förderung) liegen, ist aber meiner Meinung nach eher unter dem Aspekt „Wohlfühlen“ einzuordnen und hat in den letzten Jahren tendenziell zugenommen.

Daraus resultiert für die Vorgesetztenfunktion die Aufgabe, diese Situationen für den einzelnen Mitarbeitenden schlicht zu vermeiden.

Interessanterweise existiert hier aber durchaus auch ein Widerspruch zum Einfordern von größerer Verantwortung in Gesprächen zur Personalentwicklung der Mitarbeitenden – wahrscheinlich getriggert von Empfehlungen, damit einen signifikanten Gehaltssprung zu rechtfertigen. Das Übernehmen von Verantwortung verkommt damit zu einem leeren Versprechen, das im Zweifel nie eingelöst wird. Oder aus Sicht der Führungskraft: Es ist entscheidend herauszufinden, wer den Willen und die Fähigkeit zu mehr Verantwortung hat und wer dieses nur aus taktischen Gründen für sich reklamiert.

Spannend wird auch die Veränderung sein, die die zunehmende Digitalisierung, Automatisierung und KI-Anwendung mit sich bringt. Und hier insbesondere die Auflösung eines eklatanten Widerspruchs: Die Nutzung von ChatGPT wird in praktisch allen mir bekannten Unternehmen oder Organisationen von Mitarbeitenden als selbstverständlich betrachtet, um die Arbeitslast zu reduzieren bzw. Arbeitsergebnisse zu reklamieren, die bei genauer Betrachtung eher keine eigene Leistung sind, weil nicht einmal das Ergebnis validiert wird.

Gleichzeitig fühlen sich die Betroffenen selbst aber oft unersetzbar. Was aber sicher nur für den kleineren Teil der Mitarbeitenden tatsächlich zutreffen wird, der es versteht, KI-gestützt eigene Mehrwerte zu erzeugen.

Umfeld Sehr wohl gibt es Erwartungen, die das Umfeld an Mitarbeitende stellt: Seien es Vorstellungen aus dem familiären Kreis, Anforderungen des Partners oder Erwartungen aus dem sonstigen sozialen Umfeld, die erfüllt werden wollen.

Nicht selten habe ich die Erfahrung gemacht, dass sich Mitarbeitende aus einer für sie angenehmen, zu ihren Neigungen und Fähigkeiten passenden Umgebung herausbegeben haben, nur um solche Erwartungen zu erfüllen.

Dazu gehört zum Beispiel der Druck „Karriere zu machen". Viele Pöstchen und Titel rühren noch aus der gerade früher üblichen Wahrnehmung her, dass die personelle Führungsposition der einzige Weg ist, dies zu erreichen. Ich erinnere mich noch gut an das Organigramm eines Unternehmens, das ausschließlich Leitungsfunktionen enthielt. Nur waren eben keine normalen Mitarbeitenden mehr zum Leiten da.

Zumindest dies scheint sich zu ändern: der Drang, personelle Verantwortung in Unternehmen anzustreben, scheint deutlich reduziert – was sicher auch mit den Erfahrungen in den jeweiligen Mittelmanagementstrukturen zu tun hat (s.u.). Vielleicht ist das offenbar veränderte Verhalten insbesondere jüngerer generationen also keine Leistungsverweigerung, sondern eher die realistische Einschätzung von wahrgenommenen Organisationsdefiziten.

Inhalt Zumindest in den Berufsbereichen, in denen ich tätig war, ist die traditionelle Trennung von Arbeit vs. Freizeit schwächer ausgeprägt. Flexible Arbeitszeiten oder mobiles Arbeiten sind die Regel. Was unverändert bleibt, ist aber die Erkenntnis, dass der zeitliche Aufwand für den Job signifikant ist; die Menschen, die dort arbeiten, also auch ähnlich viel Zeit miteinander verbringen wie mit dem privaten Umfeld.

Warum sollten sich Mitarbeitende dabei dann nicht wohlfühlen wollen? Schlüssel dazu ist idealerweise eine interessante, relevante Tätigkeit.

Nun ist es in einem realistischen Unternehmensumfeld sicher nicht immer so, dass Weltrettung oder -verbesserung Tagesgeschäft ist. Insofern kann die Suche nach tiefgründigen, sinnstiftenden Tätigkeiten nicht für jeden absolut perfekt enden – und auch die nicht ganz so spektakulären Aufgaben wollen erledigt werden.

Hier resultiert die Managementaufgabe, die Tätigkeiten realistisch darzustellen, aber auch eine Identifikation damit herzustellen. Am einfachsten gelingt das aus wohl mit einer positiven, anerkennenden Kultur.

4.5.5 Unternehmenskultur

Was ist nun ein zeitgemäßer Ansatz, um in diesem Umfeld dennoch erfolgreich zu sein? Insbesondere also Mitarbeitende an das jeweilige Unternehmen zu binden – am besten auch noch engagierte?

Aus meiner Sicht kann das substanziell nur über die tatsächlich im Unternehmen gelebte Kultur funktionieren. Mit der Betonung auf „tatsächlich gelebt" – als klare Abgrenzung zu den gerne in Unternehmen vorgetäuschten Initiativen, die eher an die Ehrlichkeit und Realitätsnähe sozialistischer 5-Jahres-Pläne erinnern.

Ausdrücklich nicht gemeint ist hierbei, alles schön zu reden, zu allem ja sagen. Unternehmen sind eben keine Wohlfühloasen oder Freizeitparks. Nach meiner Erfahrung ist das aber auch gar nicht nötig.

Zur nötigen Unternehmenskultur gehören aus meiner Sicht die im Folgenden aufgeführten Aspekte.

Authentizität und Transparenz: Idealerweise besteht eine klare Übereinstimmung zwischen dem propagierten Anspruch des Unternehmens und der realiter gelebten Umsetzung. Das beginnt bei der bekannten Parole „no involvement, no commitment": Wen ich nicht in die Entscheidungsfindung integriere, von dem darf ich auch keine besondere Identifikation mit den Ergebnissen erwarten. Nach meiner Erfahrung haben Mitarbeitende ein sehr feines Gespür, ob hier „geschummelt" wird.

Passend dazu sollte eine klare Richtlinie bestehen, Entscheidungen, Vorgehen und Maßnahmen ehrlich zu kommunizieren – auch und gerade in vielleicht wirtschaftlich schwierigeren Zeiten. Das muss nicht heißen, dass jeder Mitarbeitende tiefe Kenntnisse in der Bilanzbuchhaltung haben muss – aber die Essenz der Informationen lässt sich auch ohne dies transportieren.

Eigenverantwortung: Ich bin immer ein Freund davon gewesen, Mitarbeitenden die Freiheit zu geben, ihre Aufgaben – natürlich im Rahmen der tatsächlichen Möglichkeiten – so zu erledigen, wie sie das für richtig halten; zumindest bis zum gegenteiligen Beweis, dass das nicht funktioniert. Dass dies im von mir erlebten Umfeld möglich ist, ist sicher eine privilegierte Situation (denken Sie an das oben genannte Fließband).

Die Gesetzgebung engt hier auch zunehmend den Spielraum ein – durchaus mal zurecht, oft aber auch überbordend. Die Kunst im Management besteht hier aus meiner Sicht darin, die Verantwortung für die bürokratischen Anforderungen nicht auf den einzelnen Mitarbeitenden abzuwälzen, sondern Wege zu finden, den Aufwand des einzelnen Menschen zu minimieren.

Ein schönes Beispiel ist die ISO-9000-/QM-Zertifizierung. Auf der einen Seite gibt es immer noch Unternehmen, die eine generische auditfähige Dokumentation erstellen, die zur anstehenden Rezertifizierung hervorgeholt und entstaubt wird – in der Hoffnung, das Audit irgendwie zu „überleben".

Andere wiederum begreifen die Zertifizierung als Chance, den Input der Mitarbeitenden einzusammeln, Verbesserungspotenzial zu erkennen und neuen Mitarbeitenden ein Werkzeug an die Hand zu geben, die Funktionsweise des Unternehmens kennenzulernen. Oder wie es eine Mitarbeiterin einmal überrascht formulierte: „So arbeiten wir ja tatsächlich!".

Wenn es gelingt, die Eigenverantwortung aufrecht zu erhalten und das selbstbestimmte Arbeiten zu fördern, wird die Leistungsbereitschaft dadurch meiner Erfahrung nach nachhaltig verbessert.

Leistungskultur Die Optimierung der Leistungs- und Entwicklungsfähigkeit beginnt natürlich bereits bei der Personalauswahl. Die wird angeblich immer schwieriger, weil „die Jugend von heute ja nichts mehr taugt"; aber – das ist schon eine ziemlich lange Zeit bekannt:

„Ich habe überhaupt keine Hoffnung mehr in die Zukunft unseres Landes, wenn einmal unsere heutige Jugend die Männer von morgen stellt. Unsere Jugend ist unerträglich, unverantwortlich und entsetzlich anzusehen." (angeblich von Aristoteles, 384–322 v. Chr., vgl. https://www.aphorismen.de/suche?f_thema=Jugend&f_autor=222_Aristoteles; Stand 15.08.2025)

Ich bin sicher weit davon entfernt, dazu statistisch relevante Aussagen treffen zu können, aber nach meiner Erfahrung sind die Wünsche über die verschiedenen Generationen tatsächlich nicht grundlegend verändert. Vor allem die Offenheit der Kommunikation ist aber eine völlig andere.

Ja, es gibt sicher die plakativen Fälle junger Menschen, die es für völlig unzumutbar halten, vor 10 Uhr morgens zur Arbeit zu erscheinen und auch noch den ganzen Tag durchzuhalten. Aber: Zum einen wird sich das durch die kommenden wirtschaftlichen Zwänge zum überwiegenden Teil selbst korrigieren. Zum anderen sollten wir aber auch einmal darüber nachdenken, was das über die Erziehungskonzepte aussagt, die unsere Gesellschaft zurzeit pflegt.

Außerdem: Es gab immer schon unterschiedlich leistungswillige Mitarbeitende. Nur fällt das heute eher auf, weil sich die Arbeit in den letzten Jahren immer weiter verdichtet hat. Auch dies ist aus meiner Sicht eine gesellschaftliche Frage, nicht so sehr eine für das einzelne Unternehmen.

Wie erzeuge ich nun eine Leistungskultur? Dazu fallen mir folgende Aspekte ein:

- Ein ernsthafter Umgang miteinander: das Wahrnehmen, Sammeln und Koordinieren von Ideen, Anregungen oder Konzepten, im Zweifel als Input für eine jederzeit konstruktive Diskussion.
- Anerkennung von spezifischen Fähigkeiten: Es muss völlig normal sein, dass der einzelne Mitarbeitende fachlich tiefere Kenntnisse als die Führungskraft hat. Das bedeutet nicht, dass hier die Entscheidungsverantwortung abgegeben werden muss. Aber die Kultur kann nur sein, dass das bessere fachliche, inhaltliche Argument gewinnt.
- Den weitgehenden Schutz der Mitarbeitenden vor als unangenehm empfundenen Ablenkungen durch Formalien und Bürokratie. Das heißt auch, dass sich zentrale Funktionen im Unternehmen als Service begreifen und nicht einfach versuchen, Verantwortung zu delegieren.

- Zielsysteme, die belastbar, transparent nachvollziehbar und idealerweise automatisiert funktionieren, insbesondere also nicht laufend diskutiert werden müssen.

Nach meiner Erfahrung ist schon mit diesen simplen Maßnahmen ein guter Grundstein für einen Nährboden gelegt, um als Organisation erfolgreich zu sein.

Skalierung Als Nachbemerkung zu meiner Empfehlung möchte ich noch auf einen Einwand eingehen, den ich oft gehört habe: Mal angenommen, dass mit den oben genannten Maßnahmen Erfolg zu erzielen ist (was in der von mir erlebten Praxis durchaus oft so war). Spätestens dann kommt die Aussage: Das funktioniert nicht in großen Umgebungen. Weil? Ja, weil … das eben nicht geht.

Was steckt dahinter? Eigentlich sollte doch jede Führungsposition so besetzt sein, dass es ein Leichtes ist, die von mir aufgezählten Empfehlungen umzusetzen. Das setzt im Zweifel voraus, dass die „span of control" passt, die leitende Funktion also nicht überlastet ist. Und dass diese Person auch passende Qualifikationen hat, sprich: die Auswahl funktioniert und passend weiterentwickelt wird.

Allerdings hat sich in meinen Beobachtungen oft ergeben, dass die Funktion des Mittelmanagements aus vielen Gründen eingeführt wird (unter anderem, um Platz für „Karrieren" zu schaffen, s.o.) – nur nicht, um ernsthaft zu managen.

Gerade die „Sandwich"-Position im mittleren Management muss natürlich auch ernst gemeint sein. Ich kenne viele Fälle, in denen munter an diesen Menschen vorbei „gemanagt" wurde. Was das für die Ernsthaftigkeit der Wahrnehmung der entsprechenden Vorgesetzten bedeutet, bedarf wohl keiner Erläuterung.

Also: Voraussetzung für den oben ausgeführten Ansatz ist zunächst eine homogene, positive Unternehmenskultur – und zwar auf allen Ebenen. Wenn die Führungskraft keinen Entscheidungsspielraum bekommt, sondern lediglich kleinteilig Weisungen umsetzen soll, kann Eigenverantwortung auch nicht vorgelebt werden und ist damit in der Regel bestenfalls ein Lippenbekenntnis.

Leider hat sich in etlichen Unternehmen aber eine Kultur etabliert, die alles andere als Eigenverantwortung und eine eher unternehmerische Denkweise der Beteiligten fördert. Bei allem Verständnis für die Notwendigkeit einer sorgfältigen wirtschaftlichen Steuerung: wenn der intellektuelle Horizont des jeweiligen Managements an der Grenze zur nächsten Excel-Zelle endet, kann das langfristig nicht funktionieren.

4.5.6 Fazit

Ich bin mit den geschilderten Ansätzen in aller Regel gut gefahren. Und falls die Rückmeldung der Mitarbeitenden in meine Richtung als zuverlässig einzuschätzen ist, gilt das auch aus deren Sichtweise.

Ich halte die Herausforderungen an das Management wie bereits beschrieben weniger für eine Generationenfrage. Wesentlich spannender ist aus meiner Sicht das, was oft als „Digitalisierung" beschrieben wird – im Grunde aber nur die Lernkurve meint, dass Unternehmen IT ernsthaft für Effizienzverbesserungen einsetzen lernen. Hier ist die „Generation Fax" oft noch zu sehr in überholten Denkmustern gefangen.

Ich würde hier allerdings den Begriff „Automatisierung" bevorzugen – aus Sicht eines modernen Managements geht es darum, Abläufe zu beschleunigen, qualitativ zu verbessern und gleichzeitig die Kosten im Auge zu behalten.

Hier wird gerade der KI-Einsatz in den nächsten Jahren massive Veränderungen herbeiführen: Routinetätigkeiten - gerade im administrativen Bereich - werden sicher dominierend von automatisierten Systemen erledigt. Aus Sicht der Unternehmen ist ein softwarebasierter KI-Agent, der 7×24 tätig ist, 32 Sprachen beherrscht, keinen Urlaub nimmt und auch sonst wenig Ansprüche stellt, schlicht unverzichtbar. Wer dort nicht heute aktiv wird, hat ganz schnell ein riesiges Kostenproblem.

Natürlich wird das zu einem deutlichen Abbau von – gerade in Deutschland oft gut bezahlten – Arbeitsplätzen führen. Über die gesellschaftlichen Konsequenzen (Demografie, Finanzierbarkeit der Sozialsysteme) und die Mutlosigkeit, das Thema überhaupt zu adressieren, sollte an anderer Stelle diskutiert werden.

Aus Sicht dieses Buches glaube ich aber, dass ein (Personal-)Management entlang der von mir ausgesprochenen Empfehlungen Mitarbeitende am ehesten in die Lage versetzt, zu den „Überlebenden" der Transformation zu gehören. Eigenantrieb, Neugier und Kreativität gehören aus meiner Sicht zu den wichtigsten Elementen, in hoch automatisierten Umgebungen unverzichtbar zu bleiben. In absehbarer Zeit wird Automatisierung nur noch einen (deutlich kleineren) Teil von Menschen benötigen, die in einer Art Supervision tätig sind – und sei es nur aus regulatorischer Sicht.

Aus der Perspektive eines Unternehmens lohnt sich meines Erachtens, den Empfehlungen zu folgen. Weil damit die Mitarbeitenden passend qualifiziert werden. Oder – und so ehrlich sollten bzw. müssen wir sein – eben die Personen ausgewählt werden, die den neuen Anforderungen entsprechen.

4.6 Lara Kurz, Abiturientin und angehende Studentin der BWL

Arbeiten, aber anders – Wie ich mir meine berufliche Zukunft und Führung vorstelle

4.6.1 Eine neue Generation betritt die Arbeitswelt

Die Arbeitswelt verändert sich – und mit ihr auch jene Menschen, die neu in sie eintreten. Wir stehen nicht nur am Anfang eines Berufslebens, sondern an einem Übergang zwischen verschiedenen Systemen, nämlich dem, in dem bisher gearbeitet wurde, und dem, in dem wir arbeiten werden. Als junge Frau, die 2006 geboren wurde und in einem stabilen, unterstützenden Umfeld aufgewachsen ist, habe ich von klein auf erlebt, wie sich Werte, Verantwortung und Selbstständigkeit entfalten können, wenn man früh an sie herangeführt wird. Dabei bin ich zugleich Teil der Generation Z, die mit WLAN und Weltkrisen groß geworden ist und die gerade an die Tür der Arbeitswelt klopft – eine Tür, die nicht sicher ist, ob sie geöffnet werden will. Denn hinter ihr steht eine Bühne, auf der das Stück längst läuft, zum Teil mit alten Requisiten, und dessen Drehbuch ständig umgeschrieben wird. Und vielleicht ist es genau das, was unsere Fragen so radikal macht: Sie zielen nicht auf den Arbeitsplatz, sondern auf das Konzept von Arbeit selbst. Für uns junge Menschen ist dies ein großer Schritt, der in meinem Fall und bei bestimmt auch vielen anderen eine bevorstehende Herausforderung darstellt, da nun ein System voller Erwartungen, Regeln und Hierarchien auf uns zukommt. Was heißt es für uns zu arbeiten – heute, morgen, überhaupt? Wie erleben wir Führung, und was erwarten wir von einem Beruf, der mehr sein soll als eine Kombination aus Zeiteinträgen und Monatsgehalt?

Wenn von Führung die Rede ist, denken viele zuerst an Chefetagen, Entscheidungsgewalt, Statussymbole. Dabei begegnet uns die erste Führung nicht im Büro. Sie beginnt viel früher – in unseren Familien, in Klassenzimmern, im Sportverein. Die elterliche Erziehung, aber auch die Leitung durch Erzieher, Lehrkräfte, Trainer oder andere Autoritätspersonen stellen eine frühe Form der Führung da – durch klare Kommunikation von Erwartungen (wie Pünktlichkeit, Organisation etc.), transparente Regeln, konsequentes Handeln und Authentizität in der Vorbildfunktion. Ich erinnere mich an klare Grenzen und an manifestes Vertrauen, an Lehrer*innen, die klare Erwartungen hatten und dabei fair blieben, oder Eltern, die mir früh zutrauten, allein Bahn zu fahren oder Hausaufgaben eigenständig zu organisieren. Das war keine Nachlässigkeit oder romantische Freiheit – es war ein Vertrauensvorschuss und ein Training in Selbstständigkeit. Und dabei lernte ich früh, dass Freiheit nicht bedeutet, alles zu dürfen, sondern dass sie Verantwortung mit sich bringt. Andere haben es anders erlebt: ich kenne Gleichaltrige, die unter der ständigen Präsenz elterlicher Kontrolle aufwuchsen – ein Mikromanagement der Kindheit. Und was lernt man daraus? Nicht Autonomie, sondern Abhängigkeit. Wer von klein auf überwacht wird, entwickelt kein Gespür für Selbstverantwortung – und hat später Schwierigkeiten, sich führen zu lassen oder selbst zu führen. Führung setzt innere Stabilität voraus. Und die entsteht nicht durch ständige Kontrolle, sondern durch ermutigendes Zutrauen. Denn die Fähigkeit, sich führen zu lassen, erwächst aus der Fähigkeit, sich selbst zu führen. Das aber wird in unserer Gesellschaft oft übersehen. Die Führungskräfte von morgen werden nicht in Seminaren gemacht – sie werden bereits in der Kindheit geformt. Diese Erwartungshaltung und die Kompetenz, sie zu verstehen, begleiten junge Menschen oft bis in ihr Arbeitsleben. Dort wird die Generation Z, und damit auch ich, auf bestehende Führungsstile und Strukturen treffen, die nicht unbedingt mit unseren Vorstellungen übereinstimmen.

Als Teil der Generation Z stehe ich heute an einem Übergang: zwischen Schule und Studium, zwischen Theorie und Praxis, zwischen den Vorstellungen meiner Eltern und den Anforderungen einer Zukunft, die selbst nicht weiß, wohin sie steuert. Was erwartet uns nun auf dieser neuen Bühne namens Berufsleben? Die Unternehmenswelt spricht ständig von „Veränderung", verharrt aber oft in den Reflexen der Vergangenheit – Präsenzpflicht statt Vertrauen, Effizienzrhetorik statt Sinnkultur, Hierarchie statt Agilität. Dabei sollte Veränderung vor allem das Ziel haben, (junge) Mitarbeiter auf die beste und sinnvollste Art und Weise zu fördern und motivieren. Unternehmen sollten sich daher vielmehr die Frage stellen, ob sie es schaffen, ein Arbeitsumfeld zu gestalten, in dem junge Talente die Chance haben, sich gezielt einzubringen und zu entfalten, oder ob ihre Mitarbeiter künftig in erster Linie im Unternehmensinteresse „funktionieren" sollen? Müssen sich Führungsstile ändern, um den Werten und Bedürfnissen der Generation Z gerecht zu werden und wenn ja, wie?

Wenn junge Menschen ins Berufsleben starten, bringt jede Generation ihre eigenen Vorstellungen mit. Doch selten waren diese so deutlich im Kontrast zu bestehenden Strukturen wie bei der Generation Z. Wir treten ein in eine Arbeitswelt, die oft noch auf Hierarchie, Präsenzpflicht und formaler Autorität beruht – und erleben zugleich, dass unsere Ideen von Flexibilität, Sinn, Selbstverantwortung und digitaler Freiheit dort nicht immer willkommen sind. Hier beginnt ein Dialog, der mehr ist als ein Generationenkonflikt. Es ist der Versuch, Arbeit neu zu definieren: weniger als Pflicht, mehr als Möglichkeit. Die Frage ist nicht: „Wie passen wir uns an?" Sondern: „Wie gestalten wir mit?" Moderne Führung muss Antworten auf diesen Wandel finden.

4.6.2 Generation Z im Berufsleben – Neue Erwartungen an Arbeit und Führung

Die Arbeitswelt verändert sich stetig. In den letzten Jahren ist diese Veränderung besonders spürbar geworden. Für mich ist dieser Wandel nicht mehr nur eine Theorie, sondern ganz konkret erfahrbar. Durch die Digitalisierung und Technologisierung sowie gesellschaftliche Entwicklungen wie den Klimawandel steht das berufliche Umfeld der Generation Z vor großen Veränderungen, die einerseits mit ebenso großen Herausforderungen verbunden sind, die aber andererseits auch eine Vielzahl an Chancen bieten. Als Teil dieser Generation beobachte ich den Wandel innerhalb der Arbeitswelt mit großem Interesse.

Ein zentrales Beispiel ist für mich dabei das Thema Homeoffice: Früher war es undenkbar, von überall aus zu arbeiten. Heutzutage reichen oft eine stabile Internetverbindung und der Zugriff auf ein paar verfügbare Tools. Dadurch lässt sich die Arbeit inzwischen individueller gestalten und der Arbeitswelt wird eine ganz neue Art der Flexibilität geboten. Ich habe die Vorteile von hybrider Arbeit und digitalen Anwendungen selbst erlebt. In der Schule haben digitale Tools (z. B. Microsoft Teams oder Zoom) schon eine neue Art der Flexibilität aufgezeigt. Ich habe sie genutzt, um Dokumente mit meinen Mitschülern zu teilen, mich mit meinen Mitschülern auszutauschen und über Nachrichten oder Telefonate direkt mit meinen Lehrern in Kontakt treten zu können. Die Pandemie hat zudem gezeigt, dass Arbeit nicht ortsgebunden sein muss. Trotzdem wollen viele Unternehmen nach den Umstellungen im Zuge der Coronapandemie mittlerweile wieder nach und nach davon weg. Unternehmen, die über mehrere Jahre Homeofficelösungen ermöglichten, holen ihre Leute nun zurück. Warum? Weil Kontrolle bequemer ist als Vertrauen. Dabei ist

Vertrauen in meinen Augen kein kitschiges Ideal, sondern eine ökonomische Ressource. Wer sie nicht für sich gewinnen kann, verspielt die Innovationskraft, die er schützen möchte. Daher glaube nicht an das Entweder-Oder von Büro vs. Homeoffice, sondern an ein individuelleres Arbeitsmodell, das beides kann: Nähe und Autonomie.

Die schnelle Entwicklung der künstlichen Intelligenz stellt eine weitere sich entwickelnde Herausforderung dar, einen weiteren technologischen Fortschritt, der immer präsenter im täglichen Leben wird. Ich kann kaum einschätzen, wie sich meine beruflichen Perspektiven und Tätigkeiten durch diese Entwicklung verändern werden, ob und wie mein zukünftiger Beruf überhaupt noch gebraucht wird – und bisher ist mir auch niemand begegnet, der mir diese Frage beantworten kann. Welche Fähigkeiten werden in Zukunft von mir verlangt und gefragt sein?

Mit Blick auf meinen beruflichen Weg habe ich trotz dieser ungewissen Lage keine Angst vor der Zukunft. Aber ich spüre trotzdem deutlich, dass sich Aufgaben und deren Profile verändern werden und zugleich neue Kompetenzen (Soft Skills und Hard Skills) ins Blickfeld treten, die nicht nur bei Berufseinsteigern, sondern auch bei Führungskräften benötigt werden. Das habe ich sogar schon in meiner Schulzeit gemerkt, als ChatGPT plötzlich unsere Hausaufgaben gemacht hat und dabei Aufgaben löste, die wir selbst kaum verstanden. Dabei ging es vor allem darum, der KI besonders gut zu beschreiben, was die genaue Aufgabenstellung ist, wodurch im Ergebnis die Kompetenz, einen lupenreinen Prompt zu erstellen, stärker gefördert wurde, als die Fähigkeit, eine bestimmte Aufgabe selbstständig zu lösen. Darüber hinaus ist mir der einfache Zugang zu Informationen aufgefallen. Durch das Internet und die Entwicklung der KI verändert sich unsere Art zu denken und vor allem zu entscheiden. Wenn wir KI also dazu nutzen, den Weg unserer Gedanken sichtbar zu machen, dann erweitern wir damit den Spielraum unserer kognitiven Entwicklung und fördern durch die wechselseitigen Anregungen im Zusammenspiel mit der KI nicht nur unser rationales Denken, sondern auch unsere Selbstreflexion, Urteilsfähigkeit und Kreativität. Die wirkliche Herausforderung besteht jedoch darin, ob wir es schaffen, mit ihr zu denken – nicht durch sie. Entscheidend ist, dass die KI den Denkprozess nicht ersetzt, sondern lediglich sichtbar macht und begleitet. Das fordert mehr als Wissen. Es fordert Haltung.

Immer wieder begegnen mir aus älteren Lebensjahrgängen Äußerungen wie: „Ihr seid doch superfaul" oder „Ihr habt doch gar keine Lust zu arbeiten". Doch dies empfinde ich als ungerecht. Meiner Meinung nach geht es hier nicht um Verweigerung, sondern um eine andere Gewichtung und Priorisierung. Gerade das ist eine Form der Haltung, die sehr wichtig ist für die Herausforderungen der Zukunft. Wir streben häufig nach einem Leben, in dem Arbeit nicht das Einzige ist, was wichtig ist. Die berühmte Work-Life-Balance sollte kein Luxus mehr sein, sondern ein selbstverständliches Ziel. Vor allem ist sie eine Voraussetzung für ein erfülltes Leben. Dabei steht nicht mehr das höchste Gehalt im Fokus, sondern das Verhältnis von Arbeitszeit und persönlicher Freiheit. Für manche stellt die Sinnhaftigkeit auch noch einen entscheidenden Faktor dar. Doch sollte sie sinnstiftend sein? Ich glaube ja, denn für viele Menschen ist der Sinn eine Quelle für Motivation, Identität und psychische Gesundheit. Sinn kann durch Wirkung, Wertschätzung und die Verbindung zu etwas Größerem werden. Wo der Sinn aber gänzlich fehlt, kann es zu Entfremdung kommen.

Allerdings habe ich in meinem privilegierten Umfeld festgestellt, dass in der Schule und Familie oft suggeriert wird: Du kannst alles erreichen – obwohl sich dies in der Lebenswirklichkeit alles andere als einfach gestaltet. Diese Wunschvorstellungen – wenn es um Geld, Zeit und Erfüllung geht – ist eine schöne und gleichzeitig gefährliche Fiktion. Denn sie bereitet uns nicht auf die Widersprüche vor, die das Arbeitsleben prägen, in dem sich Wunschgehalt und Freizeit, Sinn und Sicherheit häufig ausschließen. Zudem kann ich beobachten, dass sowohl bei mir als auch bei meinem gleichaltrigen Umfeld ein Realitätsverlust in Bezug auf die Themen Geld, Gehalt und Arbeitszeit eingesetzt hat. Auch ich habe Vorstellungen, die mit der Realität ringen. Denn in der Realität ist ein Wunschgehalt oft an übermäßige Leistungen gebunden und lässt sich regelmäßig nur auf Kosten der Freizeit erreichen. Dieser Widerspruch ist für junge Leute sehr ernüchternd und zeigt mir, wie wenig uns über den Berufseinstieg und das tatsächliche Berufsleben eigentlich bekannt ist. In der Schule lernen wir mehr über Parabeln und Gedichtanalysen als über wichtige Dinge des täglichen Lebens, wie Versicherungen, Steuern oder Arbeitsmodelle. Genau diese Themen hätten aber mehr Aufmerksamkeit verdient. In seinem Leben verbringt man mindestens zwölf Jahre in der Schule. Ich habe die meiste Zeit davon im Gymnasium verbracht. Die gymnasiale Ausbildung soll den Verstand und die Persönlichkeit stärken. Sie soll keine direkten beruflichen Fähigkeiten vermitteln. In meinem Fall hat das gut funktioniert, was jedoch nicht bedeutet, dass ich mit allem einverstanden bin. Dennoch fehlt meiner Meinung nach der Bezug zur Realität, wenn es um die Arbeit im Wirtschaftsleben geht. Kompetenzen wie Zusammenarbeit, Verantwortung und das Treffen von Entscheidungen unter Druck werden in Zukunft auch von uns gefragt sein, die meiner Meinung nach mir in der Schule aber nur in Teilen mitgegeben bzw. gelehrt werden. Um hier ein Verständnis zu entwickeln, bräuchte es entsprechende Erfahrungen und den Austausch mit Menschen, die in der Praxis stehen. Warum finden diese Gespräche nicht bereits im Schulalltag statt? Dies könnte beispielsweise durch Erfahrungsaustausch, Praktika, Mentoring oder reale Projekte erfolgen, die alle das Schulwissen in die Lebensrealität übersetzen.

Auch die Frage nach der Sinnhaftigkeit ist für mich ein wichtiger Faktor. Denn ich möchte nicht einfach nur für ein Unternehmen arbeiten, sondern Präsenz zeigen und Teil von etwas Größerem sein. Dabei spielen Themen wie Klimawandel, soziale Gerechtigkeit und mentale Gesundheit eine zentrale Rolle. Diese Sinnfrage ist auch keine Modeerscheinung, sondern ein grundlegendes menschliches Bedürfnis. Menschen wollen Bedeutung spüren. Sie wollen Wirksamkeit erleben. Nicht nur aus moralischer Eitelkeit, sondern weil Bedeutung Halt gibt – was in einer Welt der Krisenpermanenz und symbolischen Verwässerung immer wichtiger wird. Viele aus meiner Generation fragen nicht zuerst nach dem Gehalt, sondern: Was verändere ich durch meine Arbeit? Wofür stehe ich morgens auf? Das mag idealistisch klingen – aber es ist auch eine Reaktion auf die Entfremdungserfahrung früherer Generationen, die oft in Jobs verharrten, die sie innerlich leer ließen. Ich glaube nicht, dass jeder Job auf einer biblischen Erzählung basieren muss, meine Arbeit sollte aber in einen größeren Zusammenhang – sozial, ökologisch oder menschlich – eingebettet sein. Um meiner Arbeit einen Sinn zu verleihen und einen positiven Beitrag innerhalb und außerhalb des Unternehmens zu leisten, sollten diese Themen daher auch im Unternehmen präsent sein. Sie müssen Verantwortung zeigen und sich den globalen Problemen stellen. So kann ich mir etwa gut vorstellen, für ein Unternehmen zu arbeiten, das sich sozial und klimatechnisch engagiert, auch wenn ich dafür auf einen Teil meines Gehalts verzichten müsste. Es wäre jedoch wünschenswert, wenn alle Unternehmen Verantwortung dafür übernehmen, ihren Beitrag zum Klimaschutz zu leisten und sich sozial zu engagieren, auch ohne dass ihre Mitarbeiter dafür auf einen Teil ihres Gehalts verzichten müssen. Nicht zuletzt bin ich unheimlich froh und dankbar, ein grundlegendes Verständnis und Bewusstsein für mentale Gesundheit entwickelt zu haben. Denn weder ein Burn-out noch ein Bore-out sollten als Zeichen für gute Arbeit gesehen werden. Den eigenen Körper an den Rand der Erschöpfung zu treiben und damit die psychische Gesundheit zu gefährden, ist für mich unverständlich. Burn-out ist kein Leistungsnachweis. Bore-out kein Zeichen von Loyalität. Wer sich verausgabt, schadet sich – und dem Unternehmen. Ich bin dankbar, früh über mentale Gesundheit aufgeklärt worden zu sein. Durch Schule, Eltern, Social Media. Ich wünsche mir eine Arbeitswelt, in der Prävention ernst genommen wird, in der Pausen nicht verteidigt, sondern ermöglicht werden und in der Gespräche stattfinden, bevor es zu spät ist. Mentale Gesundheit ist kein Privatthema. Sie ist Führungsaufgabe.

Die Arbeitswelt befindet sich im Wandel. Die Generation Z ist mittendrin und bringt neue Erwartungen, Sichtweisen und Werte mit. Sie steht am Beginn eines neuen Denkens. Die Aufgabe besteht nun darin, aus diesem Denken etwas zu machen, um sich von den vorherigen Generationen abzuheben, die diesen Gedankengang ebenfalls hatten.

4.6.3 Was die Generation Z für Unternehmen attraktiv macht – mit Blick auf moderne Führung

Die Generation Z bringt Kompetenzen mit, die sie zu einem wertvollen Potenzial für moderne Unternehmen machen – insbesondere im Kontext zeitgemäßer Führungsansätze. Als Digital Natives sind ihre Mitglieder mit Technologie aufgewachsen; sie kennen keine Welt ohne Internet, Smartphones oder digitale Tools. Der intuitive Umgang mit Informationen – sei es über Suchmaschinen, Kartenapps oder soziale Netzwerke – prägt ihre Denk- und Arbeitsweise tiefgreifend.

Diese digitale Vertrautheit ist nicht bloß technisches Know-how, sondern eine Haltung: Offenheit für Innovation, schnelle Adaption neuer Technologien und die Bereitschaft, Werkzeuge wie Künstliche Intelligenz aktiv und produktiv einzusetzen. Frühzeitiger Kontakt mit KI, etwa bereits im schulischen Kontext, fördert ein Verständnis, das für zukünftige Wettbewerbsfähigkeit entscheidend ist. Für Unternehmen bedeutet das: Generation Z ist nicht erst zu schulen, sondern klug einzubinden.

Die Fähigkeit zur souveränen Mediennutzung ist jedoch kein Selbstzweck. Entscheidend ist die Übertragung dieser Kompetenzen auf unternehmerische Kontexte – etwa in der Kundenakquise, im Wettbewerb oder im Umgang mit neuen Marktanforderungen. Dabei geht es nicht um Überlegenheit gegenüber früheren Generationen, sondern um Effizienz und Perspektivwechsel in der Lösung bestehender Aufgaben.

Was diese Generation darüber hinaus prägt, ist ein starkes Bedürfnis nach Sinn. Die Motivation, einen Beitrag zu leisten – innerhalb wie außerhalb des Unternehmens – ist ausgeprägt. Sicherheit und Gehalt bleiben relevant, doch sie allein genügen nicht. Gefragt sind Führungskräfte, die nicht nur Ziele vorgeben, sondern Orientierung stiften. Die wissen, warum etwas getan wird – und das auch vermitteln können.

Diese Erwartung an Führung umfasst zudem ein verändertes Verständnis von Autorität: nicht hierarchisch, sondern dialogisch. Kritikfähigkeit, Offenheit und Augenhöhe gelten als Qualitäten, nicht als Schwächen. Wer zuhört, erklärt und Raum für Mitgestaltung schafft, fördert Identifikation und Engagement. Führung wird zur Beziehung – nicht zur reinen Anweisung.

Auch die Sensibilität für mentale Gesundheit und Work-Life-Balance ist markant. Leistungsbereitschaft und Belastbarkeit sind durchaus vorhanden – oft im Modus maximaler Fokussierung. Doch ebenso bewusst ist das Bedürfnis nach Ausgleich, Selbstfürsorge und einem Klima, das psychische Stabilität ernst nimmt. Wer Verantwortung für andere trägt, sollte dies erkennen und fördern – nicht nur mit Blick auf Produktivität, sondern aus Respekt vor dem Menschen.

Eigenverantwortung, Selbstorganisation und strukturiertes Arbeiten sind Eigenschaften, die sich etwa während der Pandemie unter erschwerten Bedingungen im Homeschooling geschärft haben. Eine gute Führung erkennt solche Potenziale – und hat den Mut, Vertrauen zu schenken, statt Kontrolle zu erzwingen. Besonders deutlich wird das in der Frage nach Feedback: Junge Menschen fordern nicht nur Anerkennung, sondern Entwicklung. Feedback ist für sie kein Lobinstrument, sondern ein Werkzeug der Reflexion – vorausgesetzt, es ist ehrlich, respektvoll und konstruktiv. Führung heißt hier auch: Fragen stellen, Rückhalt geben, persönliche Entfaltung ermöglichen.

Nicht zuletzt zeigen Erfahrungen wie eine Coachingausbildung bereits im Schulkontext, wie ernst Teile dieser Generation das Thema Selbstführung nehmen. Wer so denkt, erwartet Gleichwertigkeit im Denken und Handeln – und Führung, die diese Haltung versteht.

4.6.4 Erwartungen an ein Unternehmen aus Sicht eines möglichen Mitarbeitenden der Generation Z

Was erwarte ich von Führungskräften? Keine Befehlskette, sondern Dialog. Keine Überwachung, sondern Vertrauen. Ich wünsche mir Chefs, die begleiten, nicht dominieren. Die zuhören, nicht nur anweisen. Die bereit sind, Kritik anzunehmen – und selbst zu reflektieren. Verschiedene Aspekte der Führung sind hierbei Teil der grundlegenden Erwartung an ein Unternehmen, wenn es darum geht, neue Mitarbeiter der Generation Z für sich zu gewinnen, denn ein gutes Gehalt reicht hier mittlerweile nicht mehr unbedingt aus.

Gute Führung erkennt Potenziale, schafft Entwicklungsspielräume, gibt Orientierung ohne Einengung. Sie fördert Feedback, unterstützt Selbstorganisation, lebt Transparenz. Führungskräfte müssen Vorbilder sein – nicht im Sinne von Perfektion, sondern im Sinne von Haltung. Wer neun Stunden Arbeit erwartet, sollte selbst präsent sein – nicht nur rechenschaftspflichtig. Präsenz heißt nicht Kontrolle, sondern Verbindung und Vorleben.

Natürlich liegt Verantwortung nicht nur bei den Unternehmen. Auch wir müssen uns einbringen. Mitdenken. Mittragen. Mitgestalten. Wenig arbeiten, viel verdienen – das funktioniert nicht. Aber sinnvoll arbeiten, angemessen verdienen und dabei gesund bleiben – das ist ein realistisches Ziel.

Ich habe in meiner Ausbildung zur systemischen Junior-Coachin gelernt, wie wichtig Reflexion ist. Führung braucht keine Lautstärke, sondern Klarheit. Entwicklung braucht keine Vorgaben, sondern Impulse. Ich wünsche mir eine Arbeitswelt, in der Lernen Teil der Kultur ist – nicht nur in Seminaren, sondern im Alltag.

Ein gutes Gehalt ist wichtig – aber nicht genug. Vertrauen, Sicherheit, Entwicklungsmöglichkeiten, Diversität, Feedbackkultur, Transparenz – all das sind Faktoren, die über Attraktivität entscheiden. Unternehmen müssen lernen, ihre Mitarbeitenden nicht nur zu fordern, sondern zu fördern. Nicht nur als Arbeitskräfte, sondern als Persönlichkeiten.

Ich wünsche mir Führungskräfte, die sich als Mentoren verstehen. Die Feedback nicht einmal jährlich, sondern regelmäßig geben. Die wissen, dass nicht alle gleich sind – und deshalb individuell gefördert werden müssen. Die Diversität ernst nehmen, Inklusion leben, Talente erkennen und entwickeln.

Die Generation Z steht nicht für Bequemlichkeit – sondern für Bewusstsein. Wir wollen arbeiten, gestalten, beitragen. Aber wir wollen auch verstanden werden. Und ernst genommen. Nicht als Problem, sondern als Potenzial. Die Zukunft der Arbeit liegt nicht in der Rückkehr zu alten Systemen – sondern in der Entwicklung neuer Modelle. Modelle, die Vertrauen vor Kontrolle stellen. Sinn vor Gewinnmaximierung. Menschlichkeit vor Effizienz.

Wir sind bereit, unseren Teil zu leisten. Und wir hoffen auf Unternehmen, die bereit sind, mit uns zu wachsen. Nicht trotz unserer Erwartungen – sondern gerade wegen ihnen.

4.6.5 Ein persönliches Fazit zur Rolle der Generation Z in der Arbeitswelt

Meiner Meinung nach steht die Generation Z vor einem tiefgreifenden Wandel der Arbeitswelt, der bestimmt nicht immer einfach sein wird. Sie ist hoffentlich die Generation, die diesen Wandel gestaltet. Dieser Wandel sollte digitale Kompetenz und gesellschaftliche Sensibilität mit sich bringen. Zudem stellt er berechtigte Erwartungen an sinnstiftende Arbeit, moderne Führung und mentale Gesundheit. Hierbei geht es jedoch in keiner Weise um Arbeitsverweigerung oder Bequemlichkeit der Generation Z, sondern um einen neuen, differenzierten Blick auf Verantwortung, Lebensqualität und Leistung. Unternehmen, die diese Haltung erkennen und sich auf einen partnerschaftlichen Führungsstil einlassen, werden attraktive Arbeitgeber sein und langfristig von motivierten, reflektierten und engagierten Mitarbeitenden profitieren.

Ich hoffe und glaube, dass die Zukunft des Arbeitslebens für die Generation Z nicht darin liegt, sich alten Systemen anzupassen. Vielmehr gilt es, sich die Frage zu stellen, was ich für das Unternehmen tun kann, um den potenziellen Job zu bekommen und nicht von einer KI ersetzt zu werden.

4.7 Dr. Anke Sax, COO/CTO, KGAL GmbH & Co. KG

4.7.1 Eigene Erfahrungen (Was fällt als erstes ein?)

Es geht immer um Menschen, ihre Erfahrungen und ihr Wertesystem. Es geht darum, sich unvoreingenommen auf dieses Gegenüber einzulassen und neugierig auf seine, deren Sicht der Dinge zu sein. Das hört sich zunächst nicht schwer an, ist aber in der Realität: schwer.

Meine ersten Erfahrungen mit dieser – damals völlig irritierenden – Situation habe ich im Jahr 2000 bei der Fusion zur LBBW gemacht. Meine naive Annahme, dass drei Banken in Baden-Württemberg auf einer gemeinsamen Basis aufbauen können, hat sich nicht bewahrheitet.

Symptomatisch war der wochenlange Streit über den Inhalt eines Antrags. Für mich als ehemalige Förderbankerin war ein Antrag unzweifelhaft das, was ein Kunde einreicht.

Für meinen Kollegen aus einer anderen Vorgängerinstitution war – ebenso unstrittig – ein Antrag das, was man dem Vorstand zur genehmigung vorlegt. In meinem Sprachgebrauch war das eine Vorstandsvorlage.

Dieses Missverständnis hat ein Mitarbeiter in meiner Einheit erkannt, der aus einem anderen Vorgängerinstitut kam.

So banal das klingt, so oft führen solche Missverständnisse zu echten Konflikten und oft auch zu wochenlangen Verzögerungen. Diese Missverständnisse beruhen auf der Geschichte der verschiedenen Personen, ihrer Ausbildung und ihrer (Berufs-)Erfahrung. Verschiedene Generationen haben systemimmanent unterschiedliche Ausbildungen sowie einen (deutlich) anderen Erfahrungshorizont, so dass diese Missverständnisse gehäuft auftreten.

Prof. Dr. Bromme und Dr. Regina Jurks bringen dieses Problem sehr treffend auf den Punkt:

„Die Ausbildung und das Sammeln von Berufserfahrung beinhalten nicht nur den Erwerb von Wissen, sondern auch den Erwerb von Methoden des Denkens und Problemlösens. Sie sind Teil der selbstverständlich vorausgesetzten ‚Wahrnehmung‘ der Person. Ausbildung und Erfahrung bewirken, dass man die Dinge, die für die Berufstätigkeit wichtig sind, auf eine bestimmte Weise ‚sieht‘. Dann ist es schwierig, sich vorzustellen, wie man diese Dinge (ein Röntgenbild, einen Gebäudeentwurf, die Benutzeroberfläche eines Computers), sähe, wenn man nicht über diesen fachlichen Blick verfügen würde. Der Unterschied zwischen Experten und Laien ist also nicht nur durch den Umfang, sondern vor allem durch die Qualität und durch strukturelle Merkmale des Wissens zu beschreiben."[1]

Nach mehreren Fusionen sowie tiefrot übernommenen Projekten, die es zu analysieren galt, bestätigt sich mein Lebensmotto „Sprechenden Menschen kann geholfen werden". D. h., man muss die Menschen zum Sprechen bringen, damit erkennbar wird, wo das Gemeinsame, wo die Missverständnisse und wo das Trennende liegen. Ohne dies kann keine Transformation gelingen.

4.7.2 Was lief gut, was lief nicht gut?

Zig Projekte liefen gut. Zig Projekte liefen nicht gut. Das Muster ist immer das gleiche. Projekte laufen dann gut, wenn sich ein kompetentes und vielfältiges Team auf den Weg macht und gelernt hat, als Team zu agieren.

Das ist leichter gesagt als getan. Vor Beginn eines Projektes ist zunächst die Projektreife sicherzustellen, d. h. die notwendigen Kompetenzen in ausreichendem Maße zu binden und ein realistischer Projektplan aufzustellen, der auch die regelmäßig auftretenden Störungen auffangen kann. Zu den erforderlichen kompetenzen gehören neben der Fachkompetenz auch Methodenkompetenzen wie z. B. Moderations- und Konfliktfähigkeit.

Aufgrund der unterschiedlichen Ausbildungswege und Berufserfahrungen ergibt sich in altersgemischten Teams in der Regel eine sehr gute Mischung aus Fach- und Methodenkompetenz, Schnelligkeit und Präzision, Neugier und Erfahrung. Dies wirkt wertschöpfend, wenn sich die Seiten aufeinander einlassen und nicht Stereotypen folgen.

4.7.3 Was ist der Rat an die neue Generation von Führungskräften?

Mein Rat ist, sich neben den Fachthemen verstärkt mit Leadership und Change auseinanderzusetzen. Wenn es nicht gelingt, gute Einzelspieler in ein Team zu integrieren, wird die Transformation nicht gelingen.

Als erfahrene Changespezialistin empfehle ich folgende Bücher „Miteinander Reden" von Schulz von Thun, „Speed of Trust" von Stephen Covey, „Fördern und Fordern" von George Kohlrieser sowie „Right kind of wrong" von Amy Edmondson. Sie alle beschäftigen sich mit der Frage, wie Transformation gelingen kann.

[1] chrome-extension://efaidnbmnnnibpcajpcglclefindmkaj/https://www.uni-muenster.de/imperia/md/content/psyipbe/ae_jucks/bromme_jucks_2003__wenn_experten_und_laien_sich_nicht_verstehen.pdf, abgerufen am 28.05.2024

Schulz von Thun erläutert das Vier-Ohren-Modell und dass ein und dieselbe Aussage sehr unterschiedlich interpretiert werden kann. Seine wichtige Kernaussage ist, dass es einer Interpretationsleistung des Gegenübers bedarf, um zu verstehen. Naturgemäß hat man es damit nicht in der Hand, wie diese Interpretation erfolgt.

Stephen Covey erklärt das Konzept des angemessenen Vertrauens: Einem Teenager wird mehr vertraut bzw. zugetraut als einem Kleinkind. Er erklärt, dass angemessenes Vertrauen eine Dividende bringt und Misstrauen Steuern kostet und dass alles mit dem Selbstvertrauen beginnt.

George Kohlrieser zeigt, wie wichtig eine sichere Basis ist. Führungskräfte, die eine sichere Basis bieten, fördern ihre Mitarbeiter in besonderer Weise und fordern sie gleichzeitig auf, Risiken einzugehen. Auf diese Weise erreichen beide Seiten ein sehr hohes Leistungsniveau.

Amy Edmondson unterscheidet zwischen „blameworthy" und „praiseworthy" Fehlern. Als „fallable human beings" machen wir immer wieder „blameworthy" Fehler. Fehler, die man nicht hätte machen müssen, wenn man konzentriert gewesen wäre. Aber sie passieren. Deshalb müssen Strukturen geschaffen werden, die ihre Anzahl und dann auch ihr Ausmaß reduzieren. „Praiseworthy" Fehler sind die Fehler, die uns weiterbringen. Im Deutschen würde man wohl eher von Experimenten sprechen. Diese beiden Arten von Fehlern gilt es zu trennen und eine Experimentierkultur zu leben.

Mein Rat: Lesen Sie diese Bücher und bleiben Sie stets neugierig auf neue Erkenntnisse.

4.7.4 Bedeutung der Digitalisierung

Die Welt verändert sich drastischer und schneller als je zuvor. In den Unternehmen manifestieren sich jedoch die in der Vergangenheit getroffenen Entscheidungen als „Legacy". Die Fähigkeit vieler Unternehmen, sich schnell zu verändern und anzupassen, hat sich dadurch nicht verbessert, im Gegenteil. Die Veränderungsbereitschaft ist aber notwendig, um weiterhin erfolgreich agieren zu können.

Wir müssen uns immer wieder fragen, wie unsere Unternehmen aussehen würden, wenn sie heute gegründet würden. Wahrscheinlich wären sie digitaler und wahrscheinlich prozessorientierter. Genau das sind die Start-ups. Deshalb müssen sich traditionelle Unternehmen (endlich) diesem Wettbewerb stellen und sich sukzessive und konsequent neu ausrichten.

Die Digitalisierung ist dabei Bedrohung und Chance zugleich. Wir sollten die Chance nutzen. Je länger wir warten, desto schwieriger wird es.

4.7.5 Ideen für die Zukunft

Es gibt nicht die eine Idee für die Zukunft. Die Idee: Das Alleinstellungsmerkmal für jedes einzelne Unternehmen muss in Abhängigkeit von Stärken und Schwächen, Wettbewerb und Markt erarbeitet werden.

Ganz klassisch nach dem Prinzip: Ist, Soll, Weg oder etwas formaler: Aus dem Ist ist ein Zielbild (Vision, Mission) und darauf aufbauend eine Strategie zu entwickeln.

Ich habe gute Erfahrungen damit gemacht, dies kollaborativ auf der Basis von Interviews zu tun. Das heißt, man spricht mit Mitarbeitern verschiedener Ebenen und Funktionen, mit Kunden, Lieferanten und Beratern. Man fragt nach Stärken und Schwächen, nach Verbesserungspotenzialen. Gerne informell und mit intelligenten Fragen, die den Gesprächspartner zum Nachdenken anregen. In einer zweiten Runde oder im gleichen Gespräch fragt man nach dem USP („Unique Selling Proposition") sowie dem attraktiven Zielbild, das die Menschen begeistert.

Schon nach 10–20 Gesprächen wird sich ein Muster herauskristallisieren, das man immer wieder aufgreift und verfeinert. Es reicht zum Beispiel nicht zu sagen, wir müssen internationaler werden. Man muss hinterfragen, was das konkret bedeutet, bei den Kunden, in der Produktion, bei den Mitarbeitern. Ist DACH (Deutschland, Österreich, Schweiz) schon international, Mitteleuropa, Europa, die Welt?

Wenn es unterschiedliche Sichtweisen gibt, gilt es, die Argumente besser zu verstehen. Warum denkt der eine so und der andere anders? Auch das spielt man wieder zurück und kommt entweder zu einem Konsens oder zu einem Dissens, den es zu entscheiden gilt.

Der Schritt, das Soll/Zielbild auf Basis des Ist zu operationalisieren, ist dann ein recht einfacher Schritt, bei dem es im Wesentlichen um Priorisierung und eine faire Einschätzung von Aufwand und Machbarkeit geht.

Danach haben wir die Idee für die Zukunft, und zwar ganz konkret für unser Unternehmen.

4.8 Zuzana Štrbáková; Business English Coach

The Shifting Sands of 21st Century Leadership

If you could choose one word to describe the world you are living in, what would it be? I've spent some time with this mental exercise, and it's proven more difficult than I expected.

An hour of browsing the Internet or listening to the news will flood you with so much information that it's hard to communicate it back succinctly.

"Crazy" is the word that comes to mind, but that's not very helpful, is it? It speaks more of my own reaction to reality rather than the reality itself. "Stupid" (oh, so stupid!) is another option, but it's even less useful. It expresses my judgment of the world, but it doesn't move me closer to understanding it or deciding how to act.

These words may fuel casual conversations with friends and colleagues, accompanied by shared head shakes, but they don't offer any added value.

As leaders, we need to understand the world around us—not just to comprehend it but also to respond constructively, shaping the community in meaningful ways. As citizens, parents, and private individuals, we must learn how to live healthy and relatively happy lives today, while building a sustainable future for the generations to come.

But how do we manage the present, which is so overwhelmingly complicated? And what must we learn for a future that is, by definition, unpredictable?

4.8.1 VUCA, BANI, and TUNA: Navigating Modern Complexity

The rapid pace of change in the world has been evident since the late 20th century. Many frameworks have emerged to try to capture this change and offer solutions for navigating it.

In the 1980s, economists Warren Bennis and Burt Nanus coined the term VUCA, which encapsulates the dynamic, fast-paced global landscape.[1] Each letter in VUCA represents a distinct characteristic:

- **V** for **Volatility:** The unpredictable and often rapid changes defining our reality. Economic fluctuations, technological advancements, political shifts, and societal trends all require agility and swift adaptation.
- **U** for **Uncertainty:** The increasing difficulty of predicting future developments, making it challenging to plan effectively. Relying on historical data for future answers no longer suffices.
- **C** for **Complexity:** The world is multifaceted, with intricate interconnections between events and causes. This complexity raises the question: How can we break it down into manageable tasks?
- **A** for **Ambiguity:** The abundance of information that often presents conflicting interpretations, leading to the risk of making wrong decisions.

In April 2020, during the height of the COVID-19 crisis, futurist Jamais Cascio proposed an update to VUCA with the acronym BANI, arguing that VUCA had become outdated.[2]

- **B** for **Brittle:** When systems appear strong but are susceptible to catastrophic failure. Cascio points out that in today's globalized world, catastrophic events no longer have region-specific effects, they ripple globally, as we saw with the pandemic.
- **A** for **Anxious:** A natural response to the realization that small changes can collapse the entire system. Prolonged exposure to anxiety can lead to burnout and feelings of helplessness.
- **N** for **Non-linear:** Cause and effect are often disconnected, with small actions having disproportionate consequences while larger efforts yield minimal results.
- **I** for **Incomprehensible:** A world marked by brittleness, anxiety, and non-linearity brings events that are not only difficult to understand but may seem absurd. More information doesn't always help, as it often contradicts itself.

"There has been a phase change in the nature of our social (and political, and cultural, and technological) reality we're no longer happily bubbling along, the boiling has begun." [2]

In the executive programme at Oxford University, the concept of TUNA (Turbulent, Uncertain, Novel, Ambiguous) is used to describe the challenges faced by organizations today, which threaten their business models and even entire industries. [3] Traditional strategies no longer guarantee success.

Now, let's pause for a moment to reflect on these words: volatile, ambiguous, non-linear, brittle, anxious. These terms might resonate better than my "crazy" and "stupid," but what do they really mean for us? How do they make you feel?

Human beings are naturally inclined to operate within patterns. Our brains are wired to prefer predictability as an evolutionary safeguard, enabling us to act quickly and decisively. When events don't follow predictable patterns, stress sets in, leading to stress responses like the "three F's" (fight, flight, freeze), cognitive overload, and burnout. Though successful leaders are often intellectually equipped to manage high levels of complexity, there's a limit to how much stress anyone can handle without harming their physical and mental health.

So, where do we find solid ground amidst the shifting sands of the VUCA, BANI, and TUNA world?

4.8.2 In the Midst of It All: Adapting to Change

Business and academia have traditionally excelled at identifying solutions to complex questions. They can pinpoint real-world needs and combine their resources—both material and intellectual—to address them.

For example, at Saïd Business School, Oxford University, the TUNA concept has been incorporated into their scenario planning approach.[4] This process is about thinking through the futures that may unfold. The Oxford Scenario Planning Approach (OSPA) [5] has been used to reframe strategies by organizations like Rolls-Royce, the IMF, the World Economic Forum, and scientific institutions like the Royal Society of Chemistry and parts of the NHS.

In my area of expertise, corporate language training, I've seen first-hand how clients have shaped educational content. Executives, managers, and other professionals often set trends by identifying immediate needs. "You think we should improve our grammar and vocabulary? Maybe later. Right now, we have a presentation to give and a meeting to run. Can you help with that? Oh, are there no materials on our specific topic? Well, write them," they would say. And that's exactly what we did. Before long, publishers followed suit.

4.8.3 Walking on Shifting Sands

Such learners help shape educational concepts. Over the past 20 years, I've witnessed significant shifts in both the content and form of training, largely driven by my clients' evolving needs. In the early 2000s, the focus was primarily on hard skills like grammar and vocabulary. Many companies, at least in Central Europe, offered extensive in-house language courses to enhance employee competence. Over time, the demand shifted towards more specialized, soft-skills-based training e.g. meetings, presentations, and negotiations.

Soon, the concept of 21st-century skills [6] made its way into corporate training, broadening the scope of learning needs. It moved beyond cognitive skills to include interpersonal skills (like teamwork, collaboration, and leadership) and intrapersonal skills (such as intellectual openness and work ethic). This more holistic approach views the learner as a partner in the process, and the trainer as a facilitator, rather than a director or decision-maker. We're interested not only in what learners need but also in what they want to learn. Corporate training has shifted from learner-centred to learner-led.

This transformation is particularly evident in language training. Language is a tool through which we connect with others, express our understanding of the world, and make sense of our environment. It's no surprise, then, that language training often becomes deeply personal. I find it nearly impossible to design a training programme without getting to know my clients thoroughly. As the world around them changes, so too do their needs.

Today, my clients, particularly those in leadership roles are less focused on perfecting emails or delivering more impactful presentations. They often already have these skills or the tools to help them. (Hello, AI!) Instead, they want to be valuable members of the global community. They aim to create meaningful workplaces where people can thrive both personally and professionally. They seek authenticity, wanting to be themselves not only in their native language but also in foreign languages. There are no off-the-shelf programs that can meet these needs, and no pre-existing materials. It's just me, the client, and the human connection we build together.

The VAKS model provides helpful guidance here. (This is the last acronym, I promise!) It's drawn from the Council of Europe's Reference Framework of Competences for Democratic Culture [7], focusing on Values, Attitudes, Knowledge, and Skills (VAKS).

To deliver truly effective language training, I need to ensure that it's meaningful and relevant to my clients. This requires not only understanding their skill set and shortcomings but also their values and how they navigate everyday life.

4.8.4 Have You Got Your Word? - The Power of Self-Reflection

The needs analysis has never been more colourful! During the initial conversation with a client, I ask questions that help me understand where they are in their personal and professional journeys so that I can meet them there.

What interests you? What drives you? What triggers you? How do you perceive yourself in communication with others? What kind of leader are you? What kind of leader do you aspire to be? How do you cope with stress and ambiguity?

Believe it or not, these questions often reveal the type of learner my client is and how they will navigate their learning process. It's not easy for either of us. Despite their brilliance, many clients don't spend enough time considering these issues. Delving deep takes effort and can be exhausting.

One client recently confirmed this during his needs analysis:

"Phew! I've never talked about myself so much!"
"Talked?" I asked, surprised.
"Thought," he replied. "I've never thought about myself this much."

Although the questions may seem big and challenging, the beauty of these conversations is that people usually have their answers. They just aren't always immediately accessible.

If I could offer one piece of advice to young leaders, it would be this: Think about yourself. Understand who you are, what grounds you, and what connects you to your values. Observe how you operate in your daily life and interactions. What energizes you, and what drains you? What brings you down, and what lifts you up?

While we can't control the world around us, having the answers to these questions will make walking on the shifting sands much easier.

4.8.5 References

1. VUCA, BANI, RUPT or TUNA ~ VUCA-WORLD
2. Facing the Age of Chaos. We are in an age of chaos, an era that… | by Jamais Cascio | Medium
3. You Say VUCA, I Say TUNA: How Oxford Helps Leaders Face The Complex And Uncertain Future
4. Scenario planning: an answer to turmoil? | Saïd Business School
5. Ramírez, R. & Wilkinson, A. (2016) Strategic Reframing: The Oxford Scenario Planning Approach. Oxford University Press
6. Explore SEL
7. Council of Europe. (2018). Reference Framework of Competences for Democratic Cultures, Vol. 1. Retrieved April 27, 2025, from https://www.coe.int/en/web/education/-/reference-framework-of-competences-for-democratic-culture

Other resources

Shackleton-Jones, N. (2023) How people learn (2nd edition). KoganPage

Mercer, A. (2024) Compassion-based Language Education. Oxford Handbooks for Language Teachers. Oxford University Press

Online resources

European Skills Agenda - European Commission, https://employment-social-affairs.ec.europa.eu/policies-and-activities/skills-and-qualifications/european-skills-agenda_en

McKinsey: New leadership in an era of thriving organizations, https://www.mckinsey.com/capabilities/people-and-organizational-performance/our-insights/new-leadership-for-a-new-era-of-thriving-organizations

What VUCA Really Means for You, https://hbr.org/2014/01/what-vuca-really-means-for-you

VUCA World – Meaning, Examples And Management Steps, https://digitalleadership.com/blog/vuca-world/

4.9 Synthese aus den Einblicken der Praxis

Stefan Brassel und Andreas Gadatsch

Wir hoffen, dass die vorangegangenen Ausführungen sowie die Beiträge unserer Gastautorinnen und Gastautoren Ihnen aufzeigt haben, welche zentrale Bedeutung dem Thema „Führung" innewohnt (was im Übrigen nicht nur in Unternehmen gilt), und den entsprechenden Facettenreichtum mit Hilfe von verschiedenen Ansätzen und Fragestellungen ausgeleuchtet haben.

Führung erfordert Empathie sowie ernsthaftes Interesse an der Arbeit mit Menschen. Ihr liegt die Erkenntnis zugrunde, dass man als Führungskraft (egal auf welcher Hierarchiestufe) dem Unternehmen zu Dienst verpflichtet ist. Daraus leitet sich ab, eine Führungsposition nicht um ihrer selbst willen anzustreben, sondern um die Interessen des Unternehmens bestmöglich zu vertreten.

Dies wiederum bedeutet, Mitarbeiterinnen und Mitarbeiter möglichst optimal zu fördern, zu unterstützen und entsprechend anzuleiten. Eine konstruktive, vertrauensvolle sowie kreativitätsfördernde Umgebung mit einer auf Verbesserung ausgerichteten Fehlerkultur stellt eben ein attraktives Umfeld für engagierte Mitarbeitende dar.

Dabei gilt es, die Möglichkeiten unterschiedlicher Perspektiven z. B. aufgrund der Generationenunterschiede als Chance zu begreifen, den Anforderungen einer Wirtschaftswelt gerecht zu werden, welche sich im stetigen Wandel befindet. Nur so gelingt es, unternehmerische Resilienz zu erzeugen und sich als Unternehmen auf die bestmöglichen Produkte bzw. Leistungen für seine jeweiligen Kunden auszurichten.

Nicht ohne Grund wird dieser Fokus z. B. klar in der ISO-Norm 9001:2015 dargestellt (Redaktion Ad2.0 2023). Unternehmerische Prozesse sollen auf den größtmöglichen Kundennutzen ausgerichtet sein. Beschäftigen sich Unternehmen hingegen in erster Linie mit sich selbst, z. B. aufgrund hoher Fluktuation, schädigt dies mittelfristig die Wettbewerbsfähigkeit der Unternehmung.

Um die Bedeutung der Qualität des Themas ‚Führung' noch mehr Gewicht zu verleihen, sei auf die Thesen von Dacher Keltner in seinem Buch: *The Power Paradox (How we gain and lose influence)* verwiesen (Keltner 2024). Er ist Professor für Psychologie an der Universität von Kalifornien (Berkeley) sowie Fakultätsdirektor des UC Berkeley „Greater Good Science Center".

Eine zentrale Aussage Keltners wollen wir an dieser Stelle herausstellen, da sie aus Sicht der Herausgeber noch einmal klar verdeutlicht, worum es im Kern bei Führung geht: „Power is given, not grabbed" (Keltner 2016, S. 44 ff.).

Folgt man den Thesen Keltners, dann verleihen soziale Gruppen jenen Individuen Einfluss, welche sie als emphatisch sowie wohlfahrtsmehrend für den Sozialverband wahrnehmen. Umgekehrt verweigern diese ihre Unterstützung, wenn sie Verantwortliche als egoistisch und damit potenziell wohlfahrtsgefährdend für die Gruppe identifiziert haben. Überträgt man dies nun auf die Ergebnisse der Gallup-Studie, zeigt sich, dass Mitarbeitende bei empfundener „schlechter" Führung einem Unternehmen ihre Unterstützung „entziehen", indem sie dieses verlassen.

Erschwerend unterstreicht eine weitere Kernaussage von Keltner die Notwendigkeit, Führung „ernst" zu nehmen:

‚Power leads to empathy deficits and diminished moral sentiments.' (Keltner 2016, S. 101 ff.)

Erinnern wir uns an die Feststellung in Abschn. 3.4 zurück, dass häufig aufgrund falscher Schlussfolgerungen im Management die fachlich besten Mitarbeitenden zu Führungskräften berufen werden, anstatt mehr auf ‚charakterliche Eignung' zu achten.

Nehmen wir hierzu nun die Feststellung von Keltner, dann führt die Beförderung eben dieser Personen, welche immer für individuelle Leistung belohnt wurden, eher zu einer Abnahme an Empathie und Interesse an anderen menschen, als zu der notwendigen Zunahme – was für das adäquate Ausfüllen einer Führungsposition entscheidend wäre.

Vor diesem Hintergrund verwundern die Ergebnisse der aktuellen Gallup-Studie nicht. Es bedarf an der Stelle eines grundlegenden ‚anderen' Verständnisses, welche Anforderungen an Führung zu stellen sind und wie angehende, aber auch erfahrende Führungskräfte anzuleiten sind bzw. ihnen der notwendige Raum zur Reflexion geboten wird.

Blicken wir zum Abschluss noch einmal auf den gewählten Titel für diese Publikation: Management zwischen Digitalisierung und Generationenkonflikt. In Abschnitt 3.6 hatten wir Digitalisierung mit dem Begriff der Veränderung verknüpft. Letztlich stellt sich immer wieder die Frage nach den wertschöpfenden USPs im Unternehmen. Es handelt sich um einen beständigen Kreislauf der Anpassung sowie zielgerichteten Nutzung von Entwicklungen, wie die von Public-Cloud-Diensten oder künstlicher Intelligenz (um nur zwei Beispiele zu nennen).

Führungsverantwortliche Manager bewegen sich damit im kontinuierlichen Spannungsfeld aus unternehmerischen Anforderungen, Richtungsgebung und der Gewinnung und Bindung von Talenten für das eigene Unternehmen in einem zunehmend wirtschaftlich unsicheren Umfeld (Ifo 2025).

Damit zeigt sich abschließen, eine der vermutlich wichtigsten Eigenschaften für heutige, aber insbesondere auch zukünftige Führungskräfte: Ambiguitätstoleranz (Becker 2023).

Diese meint nämlich, in Abgrenzung zur Ambivalenzfähigkeit (Unsicherheitstoleranz, z. B. in Bezug auf zukünftige Ereignisse), mit aktuellen Mehrdeutigkeiten umgehen zu können und dabei entscheidungsfähig zu bleiben.

Aus Sicht der Psychologie ist Ambiguitätstoleranz zumindest zum Teil persönlichkeitsinhärent. Dies würde der richtigen Auswahl der passenden Kandidatinnen/Kandidaten für Führungspositionen umso mehr Gewicht verleihen (Streitbörger 2013).

Letztlich geht es auch hierbei um Diskurs, Reflexion sowie den Austausch erfahrener bzw. nachfolgender Führungskräfte (ggf. auch unter Anleitung), um Unsicherheiten zu mindern und positive führungsrelevante Charaktereigenschaften zu stärken.

Denn Führung bleibt ein stetiger ‚Balanceakt' aus unternehmerisch notwendiger Richtungsgebung sowie der Entwicklung von Mitarbeitenden auch über die Sichtlinie ihrer eigenen Fähigkeiten hinaus.

Fazit 5

Stefan Brassel und Andreas Gadatsch

Wir danken unseren Gastautorinnen und -autoren für die wunderbare Bereicherung dieses Buches aus sehr verschiedenen Perspektiven, Erfahrungshintergründen und Sichtweisen. Wir versuchen kurz, auch wenn dies fast unmöglich erscheint, die Beiträge kurz zu würdigen und wichtige Aspekte aus unserer Sicht hervorzuheben.

Persönlichkeiten wie **Axel Feldhoff** kennenzulernen und mit ihnen arbeiten zu dürfen, ist stets ein Privileg. Selten trifft man Individuen mit einem derart klaren analytischen Blick sowie umfassenden Verständnis für Konzernstrukturen und deren Funktionsweisen, welche auf der anderen Seite den Faktor Mensch stets als eben diesen wertschätzen.

Seine Ausführungen verdeutlichen, dass er sich auf seinem Weg vom Managementtrainee der IBM über diverse Führungsverantwortungen niemals hat von seinem Weg der klaren und schnörkellosen Erkenntnisse hat abbringen lassen. Mögen sich manche Verantwortlichen darin gefallen, Analysen unnötig zu verkomplizieren, bringt Axel Feldhoff diese klar auf den Punkt.

Dabei beweist er stets, ein feines Gespür für die ‚Unschärfen' situativer Beobachtungen menschlicher Verhaltensweisen. Wir danken ihm dafür, dass er sich trotz seiner zahlreichen Beratungsmandate die Zeit genommen hat, dieses Projekt zu unterstützen.

Peter Gerstmann hat sehr lange Zeit in Topmanagementpositionen gearbeitet und den Führungswandel nicht nur selbst miterlebt, sondern auch aktiv und positiv gestaltet. Das von ihm skizzierte Führungssystem des von ihm langjährig geführten Zeppelin Konzerns zeigt, wie – im positiven Sinne – Führung neu gedacht werden kann, ohne bewährte Traditionen (des Grafen Zeppelin) über Bord zu werfen. Die Aussage „Grafen scheitern erfolgreich" wurde für viele andere gescheiterte Start-up-Gründer und -Gründerinnen zum Programm. Oft kam der Erfolg erst nach dem „erfolgreichen" Scheitern. Sein „Use Case" zeigt, wie der Wandel von der traditionellen Führung zum Digital Leadership (Agile Füh-

A. Gadatsch, S. Brassel, *Management zwischen Digitalisierung und Generationenkonflikt*, https://doi.org/10.1007/978-3-658-51035-0_5

rung) vollzogen werden kann. Ein Punkt, der auch in anderen Beiträgen vorkam, ist die „Wertschätzung" der Mitarbeiterinnen und Mitarbeiter. Fehlende Wertschätzung ist der Anfang vom Ende.

Dr. **Elmar Gerwalin** als erfahrene Führungskraft im Umfeld der dynamischen IT-Welt zeigt in seinem Rollenwechsel, wie sich Erfahrungen, An- und Einsichten im Verlaufe von Dekaden ändern können. Seine offenbar wenig positiven Erfahrungen in der Studentenzeit mit Führungskonzepten der damaligen Dozentenschaft haben ihn nachhaltig geprägt. Erst spät im Berufsleben wurde er mit Führung konfrontiert, dafür dann aber in einem komplexen Umfeld einer Großforschungseinrichtung mit vielfach vernetzten Strukturen. Sein Beispiel eines „nichtstudierten" Hauptmanns aus seiner Wehrdienstzeit zeigt klar, dass Führung nicht unbedingt an Bildungslevel (Abitur, Studium) festgemacht werden kann, sondern eine Frage von Interesse an den Mitarbeiterinnen und Mitarbeitern (hier den untergebenen Soldaten) ist. Die von ihm angedeuteten Folgen der Digitalisierung auf die Führung werden uns noch lange beschäftigen, insbesondere der Wunsch nach mehr „Menschlichkeit".

Prof. Dr. **Marion Halfmann** hat langjährige Erfahrungen als Beraterin, Professorin und Bildungsmanagerin. Ihr Blick ist auf die Gestaltung der Chancen für eine gute berufliche Zukunft der aktuellen Studierendengeneration gerichtet. Ihr Beitrag geht erstmal weit zurück in die Zeit der „Silent Generation" (geboren vor 1946), von der heute kaum noch jemand spricht. Anschließend stellt sie mehrere Thesen auf und diskutiert diese. Ihre Ausführungen regen zum Nachdenken an, denn sie zeigen, dass sich in der Gesellschaft etwas, nein viel, ändern muss. Auch in ihrem Beitrag ist die große Bedeutung der Digitalisierung erkennbar, aber sie muss von den Bildungseinrichtungen noch mehr gestaltet werden.

Von hoher Bedeutung ist ihre Aussage „… Generation Z ist nicht unbedingt technikbegeistert im klassischen Sinne – sie ist technikpragmatisch ... Sie nutzt Technologie … weil sie funktioniert. Der Gedanke, selbst zu programmieren, …, interessiert sie oft wenig." Genau hier müssen diejenigen ansetzen, die für die Ausbildung (schon in der Schule) und Weiterbildung Verantwortung tragen.

Sven Hancke ist eine Institution im deutschen Systemhausgeschäft. Bereits seit Jahrzehnten engagiert er sich in diesem Marktumfeld als Gründer, Geschäftsführer sowie technologischer Berater.

Sein Studium der Physik prägte seine analytische Denkweise sowie sein Interesse an immer neuen Technologien und Horizonten. Dabei verlor er sich nie in technischer Kleinteiligkeit, sondern verfolgte stets einen klaren und unternehmerischen Ansatz. Seine Ausführungen zeigen dabei überdeutlich den Wert bzw. die Notwendigkeit von Führung auf.

Wir danken ihm für die Unterstützung dieses Projektes mit seiner jahrzehntelangen Erfahrung.

Bei der Konzeption des vorliegenden Buches fiel den Herausgebern auf, dass es entscheidend zur Einordnung der Positionen sowie den Erfahrungen langjähriger Führungskräfte und Unternehmensverantwortlichen beitragen würde, diese an der Selbstwahrnehmung der vor dem Eintritt ins Berufslebende stehenden Generation Z zu spiegeln.

Mit **Lara Kurz** fanden die Herausgeber eine junge Frau, deren systematisch klar aufgebaute Struktur ihrer Ideen sowie die folgende Deduktion im Rahmen ihrer Ausführungen erahnen lässt, welchen Verlust es für Unternehmen bedeuten würde, sich nicht um die Förderung einer Generation solcher „young professionals" zu bemühen.

Dabei lernten wir Lara Kurz als freundlichen und aufgeschlossenen sowie selbstreflektierten jungen Menschen kennen. Die Zusammenarbeit mit ihr hat uns aufgezeigt, an welchen Stellen die erfahrenen Generationen von Führungskräften in der Verantwortung stehen, zuzuhören, aber auch, wo diese im Sinne eines konstruktiven Austausches gefordert sind.

Wir wünschen Lara Kurz einen erfolgreichen Einstieg in ihr Berufsleben und sind sicher, dass sie in Handlung und Tat ein Aushängeschild für ihre Generation sein wird.

Dr. **Anke Sax** hat langjährige Erfahrungen in Topführungsfunktionen mit Fokus auf IT-Management. Sie kennt die Ausprägungen und Anforderungen höchst gemischter Teams mit unterschiedlichen Alters- und Denkstrukturen sowie oft sehr spezialisierten Skills. Schon ihre ersten Berufserfahrungen zeigten, dass einheitliches Sprachvokabular in der Kommunikation sehr wichtig ist. Ein „Antrag" kann eben etwas sehr Unterschiedliches sein. Ihr Lebensmotto „Sprechenden Menschen kann geholfen werden" dürfte jedem, der einige Jahre im Berufsleben verbracht hat, bekannt vorkommen. Führung hat etwas mit „Sprechen" zu tun. Change Management geht nur, wenn man miteinander und nicht übereinander redet. Auch sie betont, dass die Digitalisierung Chance, aber auch Risiko für die notwendigen Veränderungen ist den Unternehmen ist.

To describe **Zuzana Štrbáková** is to recognize the profound impression she leaves on those who meet her.

Born and raised in Slovakia, she worked and studied both in her home country and abroad (UK – Cambridge University) and later, as an entrepreneur, founded her own business. She is not only a well-read intellectual, but also a musician, a business founder and a mother of two. These dimensions of her life and personality have all shaped her true vocation: to take language training far beyond what one might expect.

When working with her, what you really get is language-based business coaching at its very best. That is only possible if one's work is so closely tied with one's passion.

In recognition of her international contribution to our book, we felt it fitting that this appreciation of Ms. Štrbáková should be written in English, the very medium through which she empowers others to achieve excellence.

Gesamtfazit der Herausgeber

Führung ist mehrdimensional und komplex. Langjährige Erfahrungen können nützlich, aber auch hinderlich sein. Die aktuell in den Startlöchern stehende jüngere Generation wird sich angesichts der neuen globalen Herausforderungen ihren eigenen Weg suchen müssen. Wir sind aber guter Dinge, dass sie es schaffen wird, auch wenn dies in der Öffentlichkeit anders wahrgenommen wird. Wir hoffen, dass die Lektüre dieses kleinen Buches den Leserinnen und Lesern neue Einblicke verschaffen konnte und einen kleinen Mehrwert in der Diskussion um Führungskonzepte darstellt.

Literatur

Ansoff, I. (Hrsg) (1976): From Strategic Planning to Strategic Management, John Wiley & Sons Ltd.

Becker, J. (2023): Ambiguitätstoleranz (Ambivalenzfähigkeit) fördern, in: Lehre Laden, Universität Bochum, 18.10.2023, https://lehreladen.rub.de/die-lehrenden-im-fokus/resilienz-im-lehralltag/ambiguitaetstoleranz-foerdern/, Abruf am 13.10.2025

Blessin, B. und Wick, A. (2021): Führen und führen lassen, Bern, UTB GmbH

CIO Magazin (Hrsg.) (2021): CIO Jahrbuch 2022, Prognosen zu Zukunft der IT, München 2021

CIO Magazin (Hrsg.) (2022): Mario Krause, Ergo-CIO Mario Krause: Die IT der Zukunft ist stabil und agil zugleich!, https://www.cio.de/a/die-it-der-zukunft-ist-stabil-und-agil-zugleich,3694468, Abruf am 05.11.2022

CIO-Magazin (2025): Fast die Hälfte der „GenZ" denkt über Jobwechsel nach, https://www.cio.de/article/3961126/fast-die-halfte-der-gen-z-denkt-uber-jobwechsel-nach.html, Abruf am 14.04.2025

Eberhard, D. (2016): Generationen zusammen führen, München, Haufe

Grass, B. (2000): Grass, B.: Einführung in die Betriebswirtschaftslehre – Das System Unternehmung, 1. Auflage, Herne und Berlin, Verlag Neue Wirtschaftsbriefe

IAB-Forum (Hrsg.) (2025): Generation Z – noch ein Klischee weniger, 17.02.2025, https://www.iab-forum.de/generation-z-noch-ein-klischee-weniger/, Abruf am 20.02.2025, DOI: 10.48720/IAB.FOO.20250217.01

Ifo (Hrsg.) (2025): Ifo Konjunkturumfrage, Unsicherheit in der deutschen Wirtschaft nimmt zu, 25.04.2025, https://www.ifo.de/fakten/2025-04-29/unsicherheit-der-deutschen-wirtschaft-nimmt-zu, Abruf am 13.10.2025

Keltner, Dacher (2016): The Power Paradox – How we gain and lose influence; Penguin Press New York

Klaffke, M. (2014): Millennials und Generation Z – Charakteristika der nachrückenden Arbeitnehmer-Generationen. In: Klaffke, M. (eds) Generationen-Management. Springer Gabler, Wiesbaden. https://doi.org/10.1007/978-3-658-02325-6_2

Klaffke, M. (Hrsg.) (2022): Generationen-Management. Konzepte, Instrumente, Good-Practice-Ansätze, 3., aktual. Aufl., Wiesbaden: Springer Gabler

Kock, S., Kock, K. (2023). Generation X. In: Personalmanagement in der Arzt- und Zahnarztpraxis von A bis Z. Springer Gabler, Wiesbaden, https://doi.org/10.1007/978-3-658-42360-5_25

Kroker, K. (2018): Haribo, Lidl, Deutsche Post & Co. Die lange Liste schwieriger und gefloppter SAP-Projekte, https://www.wiwo.de/unternehmen/it/haribo-lidl-deutsche-post-und-co-die-lange-liste-schwieriger-und-gefloppter-sap-projekte/23771296.html, Abruf 17.12.2018

A. Gadatsch, S. Brassel, *Management zwischen Digitalisierung und Generationenkonflikt*, https://doi.org/10.1007/978-3-658-51035-0

Kühl, S.; Muster, J. (2025): Führung managen, Eine sehr kurze Einführung, Wiesbaden, Springer, https://doi.org/https://doi.org/10.1007/978-3-658-47323-5

Lippold, D. (2019): Führungskultur im Wandel – Klassische und moderne Führungsansätze im Zeitalter der Digitalisierung, Wiesbaden, Springer

Maas, R. (2023): Generation Alpha, München, Hanser

Maas, R., Kuhn, S. (2024): Generation Alpha erfährt Einschätzungsdiskrepanzen. Pflegez 77, 52–55 https://doi.org/10.1007/s41906-024-2658-0

Oertel, J. (2014): Baby Boomer und Generation X – Charakteristika der etablierten Arbeitnehmer-Generationen. In: Klaffke, M. (eds) Generationen-Management. Springer Gabler, Wiesbaden. https://doi.org/https://doi.org/10.1007/978-3-658-02325-6_2

Redaktion Ad2.0 (2023): Kundenorientierung nach ISO 9001: der Erfolgsfaktor für Unternehmen, in: Handelsblatt, 25.07.2023, https://www.handelsblatt.com/adv/firmen/kundenorientierung-iso-9001.html, Abruf am 13.10.2023

Roth, G. (2019): Warum es so schwierig ist, sich und andere zu ändern, Tübingen, Klett-Cotta

Schulenburg, N. (2016): Führung einer neuen Generation, Wie die Generation Y führen und geführt werden sollte, Wiesbaden

Simon, H. (2004): Think, Strategische Unternehmensführung statt Kurzfrist Denke, Frankfurt am Main, Campus Verlag

Spath, D. (2018): Arbeit in der digitalen Transformation: „Dialogreihe „Innovation und Verantwortung", Tutzing, 12. bis 13. November 2018, Digitalisierung und Arbeitswelt, Vortragsunterlagen, nicht veröffentlicht

Streitbörger, W. (2013): Lernen, mit Mehrdeutigkeit zu leben, in: Deutschlandfunkkultur, 30.12.2019, https://www.deutschlandfunkkultur.de/ambiguitaetstoleranz-lernen-mit-mehrdeutigkeit-zu-leben-100.html, Abruf 13.12.2025

Tsu, Sun ((2022): Die Kunst des Krieges, 5. Aufl., Hamburg, Nikol Verlag

Yadav, R., Chaudhari, S. (2024): Do leadership behaviour preferences differ among generations? A qualitative study of Gen X, Y, and Z in India. Asian Bus Manage 23, 337–365 (2024). https://doi.org/10.1057/s41291-024-00266-5

Zeitfracht Medien GmbH
Ferdinand-Jühlke-Straße 7
99095 Erfurt, Deutschland
produktsicherheit@kolibri360.de